반찬연금술

10가지 흔한 재료 181가지 창조 반찬

1

빛

반찬연금술 1

지은이　흰빛 백지현

기획및편집　흰빛 백지현 · 주우 박명기 · 남두열
사진　화인 엄재록
캘리그래피　박방영
디자인　화인 엄재록 · 일치 김동구
오퍼레이팅　일치 김동구

펴낸일　2013년 11월 1일 초판1쇄
펴낸이　흰빛 백지현
펴낸곳　빛
주소　경기도 파주시 와동동 가람마을1단지 벽산한라아파트 110동 1501~2호
전화　0505-875-8080(주문 및 문의) | 팩스　02-6008-0384
웹주소　cook.syn.or.kr | 이메일 synge@nate.com
가격　15,000원

ISBN 978-89-98246-00-6 (14590)
ISBN 978-89-960766-9-8 (세트)

이 도서의 국립중앙도서관 출판시도서목록(CIP)은 서지정보유통지원시스템 홈페이지(http://seoji.nl.go.kr)와 국가자료공동목록시스템(http://www.nl.go.kr/kolisnet)에서 이용하실 수 있습니다. (CIP제어번호 : CIP2013021459)

현미채식요리 시리즈 2

반찬연금술

10가지 흔한 재료 181가지 창조 반찬

1

빛

시작하며

먼저 식사를 준비하는 분들은 나와 가족의 건강, 식구들, 공동체, 전 인류 나아가 지구의 건강을 챙기는 사랑을 담는 고귀한 삶이기에 박수를 보냅니다. 물론 제대로 된 음식이 제대로 된 건강이 된다는 의지를 지닌 저는 지금은 '현미채식요리'가 전문입니다.

"오늘 뭐 해먹지? 어휴, 지겨워. 도대체 해 먹을 게 있어야지~"
매일 식사 준비하는 수많은 분의 거의 습관적인 고민이더군요. 저 또한 식사시간이 다가오면 자동으로 튀어나온 고민이었구요. 특히 건강을 위해 현미채식을 시도해본 분 중 현미채식이 건강에 좋은 건 아는데 맨날 그 나물에 그 반찬만 맛없게 먹는 게 지겨워서 하다가 포기했다며 3개월을 못 넘긴 푸념을 쏟아내더군요. 맞습니다. 아무리 건강에 좋다고 해도 매일 먹는 식사가 맛이 없어 지겨운 일이 된다면 지속적이긴커녕 3개월을 버틴 것도 용하지요. 정말 맛없는 삶입니다.

현미채식 밥상이든, 채육식 밥상이든, 양식이든 우리 밥상에는 김치나 콩나물무침, 샐러드 등 채소가 하나 이상은 꼭 오르죠. 그래서 이 책에서는 식사를 준비하는 분들의 반찬 고민이 해소되도록 준비했어요. 지금은 특히 건강한 음식이 필요한 시대이고, 마침 저는 건강한 음식을 만드는 '현미채식요리'가 전문이니 제가 나눌 수 있는 것은 밥상 대부분에 꼭 있는 건강을 돕는 채식 반찬입니다. 우리가 주변에서 쉽게 접할 수 있는 채식 재료 한가지로 다양한 반찬을 만들었어요. 콩나물로 19가지 반찬을, 두부로 19가지, 노지대파로 14가지, 오이, 노각…. 채식만으로도 이렇게 많은 반찬이 있어요. 여기에 여러분만의 채식 반찬이 더해져 더 많아진다면 채식반찬이어서 매일 똑같은 반찬이라 지겹다는 푸념이 오히려 이해할 수 없는 삶으로 역전되겠지요~^^
건강을 회복해 주는 현미채식을 꾸준히 먹어도 매일 그 나물에 그 반찬이 아니라 아주 다양하여 매일 바꿔 먹으니 지겹기는커녕 신나고 맛있는 식사가 되어 건강을 포기하지 않도록, 채육식 밥상이어도 매끼 반찬 준비하는 스트레스에서 채식반찬만이라도 이 책을 통해 해소되길 바랍니다.

그런데 제가 아무리 돕는다 하더라도 각자마다 기본조미료, 조리도구, 불의 세기, 재료상태, 써는 굵기 등 요리환경이 다 다르니 이 정보가 정답일 수 없지요. 외부정보를 참고로 자신의 조리환경에서 직접 해보는 과정을 통해 자기에게 적절한 요리법을 알아내는 수밖에…. 저 역시 주변 정보를 직접 시도해보는 과정과 저만의 생각과 느낌, 무모한 도전으로 무수한 실패와 성공을 했기에 다른 방법은 모릅니다. 설혹 따라 한다고 해도 저는 완벽하게 똑같이 할 수 없더군요. 이 덕택에 저는 외부 정보를 참고로, 저만의 요리법을 터득하게 되었습니다. 그래서 이 책의 주제인 반찬 연금술이란 다양한 재료를 조합해서 자신에게 적절한 요리법을 터득하는 것입니다.

연금술의 사전적 의미는 철이나 구리, 납 따위의 흔한 비금속을 순금인 귀금속으로 변화시키고,
나아가~ 늙고 병들지 않고 오래 사는 영약(靈藥)을 만들려고 하던 화학 기술입니다.

제 체험에서는 늙고 병들지 않고 오래 사는 영약(靈藥)은
몸을 건강하게 살게 하는 음식이더군요.(죽음에 이르도록 망쳐놓았던 제 몸을 살려보니 말이죠^^)
망가졌던 제 몸이 살아나 건강해지도록 도왔고 돕고 있는 음식은 0=1분도 현미, 통밀, 통곡식들, 산과 들에 지천인 산야채소와 해초, 과일 등 입니다. 바로 현미채식 식단이었어요. 그리고 제 몸이 건강한 몸이라면 이를 유지하기 위해서는 현미채식식단에 청정한 지역에서 난 수산물과 자연에서 야생풀 산야채 과일을 먹고 자라고 방목으로 생산된 축산물을 아주 가끔 섭취하는 것이라고 저는 여깁니다.

이 책에서 저의 반찬 연금술은
대체로 무시했던 흔한 채소로 만든 음식이 고귀한 영약(靈藥)임을 재인식하고
건강을 돕는 제대로 된 재료 선택의 안목과 손질 등 기본기를 체득하고
자연 조미료로 맛을 내며
원재료 자체의 맛이 최고의 맛임을 터득하고
고정된 요리법의 한계를 확장하며
제대로 된 정보는 정확히 체득하고
오용된 정보는 자신의 느낌, 체험 등을 존중해 바로잡으며
요리에 대한 고정관념 벗어나기 등으로 구성하였습니다.

매일 주어지는 천혜의 기회인 식사준비에서 흔해서 감사한 재료로 고귀한 음식을 만들면서 자신만의 요리법을 완성해가는 반찬 연금술을 통해, 이 고귀한 맛있는 음식인 영약(靈藥)을 섭취하는 본인과 식구가 모두 건강한 몸으로 진정 뜻하는 바를 이루는 나날이 되시길 바랍니다.

파주에서 신업공동체 흰빛 백지현 _()_

콩나물

두부

버섯

해초

섬초

노지대파

부추

가지

오이

노각

현미채식요리 시리즈 1

현미채식요리

영양 섭취는 이렇게

1. 제철식품을 선택한다 2. 껍질째 먹는다 3. 못난이가 웰빙 4. 농약씻기 5. 설탕 안 먹기 6. 소금 적게 먹기 7. 기름삼총사 8. 가공식품과 작별, 슬로우푸드로 포옹

자연 조미료

짠맛 / 단맛 / 신맛 / 매운맛 / 고소한 맛 / 감칠맛 / 향신료 / 부침 가루 / 기름 짜기 / 기본 국물 / 막장 / 즉석고추장 / 냉동간장 / 요리소스 / 샐러드소스 / 웰빙초

현미

현미와 백미 / 밥, 현미밥! / 현미 구매 및 보관 방법 / 현미밥 짓기 / 아기밥 짓기 / 현미밥을 꾸준히 먹으면 나타나는 현상 / 현미의 효과 / 현미떡하기 / 현미가래떡하기 및 보관 / 현미찰떡하기 / 현미찰떡 냉동보관

채식김치

채식김치 스토리 / 채식배추김치 / 채식백김치 / 고구마줄기김치 / 깍두기 / 오이소박이 / 즉석오이부추김치 / 청경채김치 / 열무물김치 / 도라지김치 / 더덕김치 / 동치미무김치

봄요리

현미새싹비빔밥 / 현미묵밥 / 해초비빔밥 / 쑥국 / 버섯두부전골 / 콩나물된장전골 / 가지구이 / 마늘종고추장무침 / 미나리나물 / 미나리초무침 / 부추전 / 쑥전 / 영양부추샐러드 / 유채나물무침 / 청경채나물 / 콩나물김치전 / 표고버섯기둥조림 / 표고버섯볶음 / 무짐한머위나물 / 무짐한취나물

여름요리

현미열무비빔밥 / 현미곤약초밥 / 현미표고버섯초밥 / 현미샐러리파프리카초밥 / 통밀비빔국수 / 간편우무콩국 / 우무냉국 / 고춧잎나물 / 감자볶음 / 감자샐러드 / 곤약회 / 노각무침 / 모둠생생샐러드 / 미역귀샐러드 / 쌈두부 / 애호박전 / 열무된장무침 / 오이지 / 오이지무침 / 시원한된장미나리 / 나물 잘 데치는 방법 / 치커리생절이 / 콩가루가지나물

가을요리

현미양송이강황볶음밥 / 현미곤약채소덮밥 / 현미콩나물밥 / 토마토단호박탕 / 모둠버섯들깨탕 / 된장찌개 / 깻잎도토리묵쌈 / 느타리버섯무침 / 도라지무침 / 두부김치 / 두부조림 / 무생채무침 / 보라무생채무침 / 새송이버섯무침 / 수삼대추채 / 수삼무쌈 / 애느타리버섯전 / 양송이구이 / 양송이장조림 / 연근삶기 / 영양쌈 / 초간단목이버섯 / 김치잡채

겨울요리

현미시래기나물밥 / 현미버섯돌솥밥 / 현미단호박죽 / 늙은호박죽 / 양송이미역국 / 두부국 / 황태콩나물국 / 김무침 / 모둠샐러드 / 생해조류 / 무말랭이무침 / 새송이버섯볶음 / 생시금치 / 생시금치초콩샐러드 / 시래기나물 / 우엉볶음 / 우엉잡채 / 톳초무침 / 톳전 / 팽이버섯전 / 파래팽이버섯전

채식도시락

현미주먹밥도시락 / 현미들깨꼬마김밥 / 현미밥도시락 / 현미밥도시락 / 단호박도시락 / 고구마감자도시락 / 현미떡도시락 / 옥수수사과도시락 / 현미채식김밥 / 현미삼색도시락 / 통밀빵채소샌드위치 / 모둠통곡식

채식간식

현미누룽지 / 현미떡과자 / 현미떡아몬드과자 / 현미가래떡구이 / 현미통밀볶음 / 검은콩흰콩볶음 / 미역귀 / 돌김 / 찐옥수수 / 껍질째먹는찐고구마감자 / 율피밤 / 통밀팥부꾸미 / 팥소듬뿍만들기 / 냉동과일 / 참고도서

명절음식

현미떡국 / 흑현미찰떡호두말이 / 흑현미찰떡곶감밤말이 / 현미절편 / 대추수삼말이 / 양송이국 / 삼색나물 / 버섯산적 / 채식녹두전 / 모둠채소잡채 / 두부소박이 / 표고버섯찜 / 삶은땅콩호두밤은행 / 두부동그랑땡

초절임

초절임 스토리 / 미나리 / 풋마늘대 / 마늘쫑 / 양파피클 / 오이초절임 / 퍼펙트고추피클 / 초콩

기본 자연 조미료

천일염 간수를 빼고 서늘한 곳에서 공기가 통하도록 항아리에 저장해두고 먹는다. **고운천일염** 굵은 천일염을 절구에 곱게 갈아서 쓴다.

국간장 1×1㎝크기로 자른 건다시마를 듬뿍 국간장 속에 폭~잠기게 넣어두고 한달 후 흔들어서 사용하면 더 맛있다. 간장속 다시마는 국이나 찌개, 조림 등에 넣어 활용하면 좋다.

냉동간장 직접 만드는 수제 간장으로 양조간장 맛이다. ● 검은콩+건표고+양송이버섯+무말랭이+양파+고추+다시마+천일염+생수를 넣고 1시간 이상 끓여 식힌 후 조금씩 나누어 냉동해두고 하나씩 꺼내 냉장보관하며 먹는다. 현미채식요리 웹 cook.syn.or.kr 또는 『현미채식요리』 66~68쪽 참조.

된장 · 고추장 · 막장

막장과 즉석고추장 만드는 방법은 현미채식요리 시리즈 1집 『현미채식요리』(이하 『현미채식요리』) 62~65쪽 참조 또는 현미채식요리 웹 cook.syn.or.kr 자연 조미료 게시판 참조.

된장소스 ● 된장10큰술+다진마늘2큰술+표고가루1큰술+다시마가루1큰술+고춧가루2큰술+들깻가루3큰술+들기름2큰술+진한다시마국물½종이컵 **초고추장소스** ● 고추장10큰술+고추가루2큰술+다진마늘1큰술+감식초20큰술+껍질째갈은사과2개+통깨2큰술 ● 된장소스와 초고추장소스를 미리 듬뿍 만들어 냉장 보관해두면 요리가 쉽고 빠르고 편하며 시간이 절약된다.

기름삼총사 ▲국내산 들기름 ▲국내산 유채씨유 ▲국내 상품 라온현미유

들기름과 유채씨유는 저온 압착식으로 짠 기름을 먹는다. 자세한 내용은 『현미채식요리』 36~43쪽 또는 현미채식요리 웹 cook.syn.or.kr 자연 조미료 게시판 참조.

토마토소스 ● 토마토中5개+사과2개+라온현미유1큰술+바질가루1작은술+천일염½작은술로 뭉근하게 끓이며 걸쭉하게 졸여+현미식초2큰술 섞는다.

두부마요네즈소스 ● 두부½모+땅콩30알+현미유+현미식초5큰술+고운천일염⅙작은술을 모두 블렌더나 믹서로 곱게 갈아준다.

다시마국물 ● 건다시마200g(5cm×5cm크기)+양파3개(2등분)+풋고추5개, 청양고추1개(3등분)+물4L를 넣고 약불로 30분 뭉근하게 끓여 건더기는 건져낸다. 넉넉하게 준비한 다시마국물은 냉장보관으로 5일까지 가능하다. 국물이 5일 후에도 남았다면, 다시 끓여 식혀 냉장 보관하는 식으로 계속 연장하며 마련해 두면 요리가 쉽고 빠르고 편하며 시간이 절약된다.

마수세미 세제를 쓰지 않고 흐르는 물에 마수세미로 들기름 접시를 닦아도 뽀드득 닦인다. 마수세미는 1mm 굵기의 국산 마끈을 사서 코바늘로 느슨하게 떠서 만든다. 국산 마끈 – 퍼니스쿨(funnyschool.co.kr)

기타 조미료 단맛, 매운맛, 감칠맛 외 다양한 자연 조미료에 대한 자세한 사항은 『현미채식요리』 48~75쪽 또는 현미채식요리 웹 cook.syn.or.kr 자연 조미료 게시판 참조.

콩나물

bean sprouts

콩나물김칫국

생생 콩나물과 묵은 김치의 조화! 개운함을 창조합니다.

재료 - 2인분

콩나물100g 애느타리버섯100g 익은배추김치100g 다시마국물500㎖ 홍청양고추½개

① 넉넉한 냄비에 다시마국물, 씻은 버섯, 익은 김치, 어슷 썬 청양고추를 넣고 강불에서 끓으면

② ①+씻은 콩나물을 넣고 뚜껑을 닫고 중약불로 5분 끓이면 된다.(뚜껑을 닫는 이유는 국물 증발을 막기위함이다)

다시마국물13쪽

콩나물파래국

재료 - 2인분

콩나물100g 파래1뭉치 팽이버섯½봉 다시마국물500㎖ 국간장1큰술 마늘1알

① 채소들을 씻고, 파래도 물에 담가 이물질을 제거하여 깨끗한물에 헹궈 체에 밭쳐 놓는다.

② 넉넉한 냄비에 다시마국물, 팽이버섯, 저민마늘을 넣어 강불에서 끓으면+씻은 콩나물을 넣고 뚜껑을 닫고 중약불로 4분 끓여+파래와 국간장을 넣고 2분 뒤 불을 끈다.

콩나물얼큰국

재료 - 2인분

콩나물100g 대파1뿌리 느타리버섯100g 두부¼모 청양고추½개 다시마국물500㎖

매콤양념장 = 다진마늘1작은술+국간장1큰술+매운고춧가루1큰술

① 냄비에 다시마국물, 씻은 버섯, 청양고추를 넣어 강불에서 끓으면+씻은 콩나물을 넣고 뚜껑을 닫고 중약불로 줄인 후 4분가량 끓인다.

② ①에+매콤양념장을 풀고, 1×1㎝ 크기로 썬 두부를 넣어 2분 뒤 불을 끄고+대파(4등분 하여 세로로 반 썰어놓은)를 넣어 살포시 익혀 먹는다.

콩나물된장국

국산 콩의 콩나물이 건강에 도움됩니다. 제대로 된 재료 선택! 반찬연금술의 근간입니다.

재료 - 2인분

콩나물150g 다시마국물500㎖ 된장1작은술 청양고추½개 마른대파조금

① 콩나물을 씻어 물기를 뺀다.

② 냄비에 다시마국물을 넣고 강불에서 끓으면+뚜껑을 닫고 약불로 4분 후(국물이 넉넉하다면 뚜껑을 열고 익힌 콩나물이 더 아삭하다)

③ ②+된장을 풀어 간을 맞추고, 마른 대파와 청양고추를 넣어 1분가량 끓으면 완성된다.

콩나물잡채

재료 - 큰 접시

콩나물300g 애느타리버섯200g 불린당면150g 청홍고추½개 다시마국물10큰술
국간장1큰술 들기름2큰술

과정

① 당면을 깨끗한물에 6시간 불리고, 콩나물은 씻어 물기를 빼두고, 버섯도 씻어둔다.(당면을 넉넉히 불려 1회분씩 포장해 냉동해두는 방법도 있다)

② 팬에 강불로 콩나물, 들기름, 천일염⅓작은술을 넣고 3분 볶다가 중약불로 3분 더 볶는다.

③ 다른 팬에 불린 당면, 애느타리버섯, 들기름, 고추, 국간장, 다시마국물을 넣고 끓으면 약불로 7분가량 국물을 자작하게 졸인다.(매콤맛은 청양고추로)

④ ③+②+통깨를 고루 섞어 접시에 담아낸다.

①-1

①-2

①-3

②

③

콩나물~ 꼭 뚜껑 닫고 삶아야 하나요?
물론 콩나물을 삶는 도중에 뚜껑을 열면 비린내가 납니다. 이 때문에 콩나물은 뚜껑을 꼭 덮어야 한다는 고정관념이 생겼죠.
콩나물을 조리할 때 뚜껑을 덮지 않아도 비린내가 나지 않아요.

뚜껑을 열고 하는 콩나물 조리법

1. 끓고 있는 국이나 찌개, 전골 등에 생콩나물을 넣고 뚜껑을 열고 강불로 5분가량 익히면 아삭하고 시원하다.
2. 팬을 강불로 1~2분 달구어 콩나물을 넣고 볶는다.

콩나물찜

제 입맛에는 해물찜 같은 맛이 나네요.

재료 - 4인분

콩나물800g 애느타리버섯400g 대파3뿌리 청양고추2개 찰현미가루3큰술
들기름2큰술 냉동간장1큰술 통깨

매콤양념장 = 고춧가루3큰술+다진청양고추1개+다진마늘1작은술+냉동간장2큰술

과정

① 채소들을 씻어 물기를 빼둔다.

② 팬에 버섯, 어슷 썬 청양고추, 들기름1큰술, 냉동간장을 넣어 5분가량 볶아둔다.

③ 넓은 팬을 강불로 2분 달궈 콩나물을 넣고 볶으며 4분가량 익혀+②의 볶은 버섯+매콤양념장, 들기름1큰술을 넣어 고루 섞어주며 볶다가

④ 찰현미가루에 물 200㎖를 풀어 넣어 걸쭉하게 끓으면, 부족한 간을 고운천일염으로 맞추고+6㎝ 길이로 썬 대파를 넣어 2분 후 불을 끄고 접시에 담아 통깨를 뿌린다.

①-1

①-2

②

③-1

③-2

④

콩나물톳무침

바다의 비릿한 맛 육지의 개운한 맛의 어울림

재료

톳100g 콩나물200g 양파¼개 초고추장2큰술 통깨

① 생톳을 조물조물 씻어 2분 물에 담가 짠맛을 뺀 후 끓는 물에 넣어 초록으로 변하면 건져 찬물에 헹궈 듬성듬성 썰어 물기를 빼 둔다.

② 콩나물을 씻어 물기를 빼고 강불로 달군 팬에 5분 볶아 식힌다.

③ 무침 그릇에 ①+②+채 썬 양파+초고추장을 넣고 조물조물 무쳐 접시에 담아 통깨를 뿌린다.

아삭한 육지 맛에 바다의 깊은 맛이 협찬합니다^^

콩나물파래전

재료 - 한 큰술 크기 12개가량

콩나물100g 파래1뭉치 팽이버섯½봉 통밀가루3큰술 고운천일염⅓작은술 라온현미유 청양홍고추⅓개

① 콩나물, 파래, 버섯을 씻어 물을 꼭 짜 모두 1㎝ 길이로 썬다.

② 통밀반죽=앉은뱅이토종통밀가루3큰술+물9큰술+고운천일염⅓작은술을 하여 +①을 모두 섞는다.

③ 약불의 팬에 기름을 바르고 한 큰술 크기의 전을 부친다.

앉은뱅이토종 통밀가루
진주 금곡정미소

콩나물김치전

재료 - 한 큰술 크기 10개가량

콩나물100g 익은배추김치2잎 양파½개 통밀가루3큰술 다시마국물6큰술 라온현미유

① 콩나물을 씻어 물기를 빼고 2㎝ 길이로 썬다.

② 김치는 1㎝ 길이, 양파는 사방 1×1㎝로 썬다.

③ 반죽 그릇에 ①+②+통밀가루+다시마국물을 넣어 반죽하여 약불의 팬에 기름을 바르고 한 큰술 크기로 부친다.

콩나물부추전

재료 - 한 큰술 크기 10개가량

콩나물100g 부추20줄 현미가루5큰술 다시마국물5큰술 홍청양고추½개 라온현미유

① 콩나물과 부추를 씻어 물기를 빼고 1㎝ 길이로 썰고, 고추도 다져 놓는다.

② 반죽=현미가루+다시마국물5큰술+물5큰술로 반죽하여+①+천일염½작은술을 섞는다.

③ 약불의 팬에 기름을 바르고 한 큰술 크기로 전을 부친다.(순한 맛은 홍고추)

콩나물장조림

재료

콩나물500g 들기름2큰술 다시마국물30㎖ 청홍청양고추각½개 냉동간장1큰술

과정

① 콩나물을 깨끗이 씻어 물기를 뺀다.

② 강불로 1분 달군 팬에 콩나물, 들기름을 넣어 3분 볶다가

③ ②+냉동간장(12쪽 참고), 들기름, 다시마국물, 청양고추를 넣어 중약불로 7분가량 국물이 자작하도록 조린다.(청양고추 대신 풋고추도 좋다)

②

③-1

③-2

노란 것만 봐온 고정관념 때문입니다.
콩나물은 물을 많이 먹을수록 잘 자라므로 기를 때 보자기를 덮어 습기가 유지되어 줄기가 굵어지고 연해지게 하다 보니 콩나물 머리가 빛을 받지 못하여 노래진 것입니다.

콩나물 머리가 푸른 것은 좋지 않다?

콩나물 머리가 푸른 것은 빛을 받아 광합성을 한 덕택에 오히려 더 건실해져 비타민과 영양이 늘어난다고 봅니다. 빛에 노출된 콩나물은 습기가 날아가서 줄기와 뿌리의 섬유질도 더 풍부해진답니다.
제 입맛에는 이 푸른콩나물 반찬이 더 쫄깃하고 맛있습니다.

콩나물냉국

재료

콩나물300g 죽염1/5작은술 생수600㎖

① 냄비에 씻은 콩나물, 생수를 넣고 끓으면 약불로 7분가량 끓인다.

② ①을 식혀 냉장고에 두고 차가워지면 그냥 먹거나 죽염을 넣어 먹는다.

순수 재료 자체의 맛 터득! 반찬연금술 진입이죠~

콩나물순수무침

재료

콩나물300g 고운천일염⅕작은술 통깨

① 콩나물을 씻어 강불의 찜기가 끓으면 찜기에 넣고 뚜껑을 닫아 4분 쪄 식힌다.

② 콩나물에 고운천일염을 넣고 조물조물 무쳐 접시에 담아 통깨를 듬뿍 뿌린다.

이질적인 만남! 콩나물이랑토마토랑

재료

콩나물200g 깻잎5장 양파¼개 방울토마토5알

초고추장 = 갈은배中1개+고추장2큰술+감식초5큰술

① 콩나물을 씻어 강불의 찜기에 4분 쪄 식힌다.

② 채소들을 식초물에 씻어, 깻잎은 돌돌 말아 가늘게 채 썰고, 양파도 가늘게 썰고, 방울토마토는 2~3등분 썬다.

③ 식사 직전에 ①+②+초고추장에 무쳐 먹는다.

②

별 것 아닌 듯 보여 방심하다 한 젓가락 먹고 다시 보게 되는

콩나물볶음

재료

콩나물300g 들기름1큰술 고운천일염⅙작은술

강불의 팬에 씻은 콩나물을 넣어 2분 볶다가 중약불로 들기름, 천일염을 넣어 5분가량 더 볶아 접시에 담아 통깨를 뿌려준다. 담백하고 고소한 맛으로 우리 공동체의 인기 반찬이다.

빨개도 안 매울 수 있어요.
고정관념 벗어나기

콩나물순한비빔장

재료 - 2인분

콩나물150g 팽이버섯1봉 두부100g 양배추200g 양파1개 순한맛고추장2큰술 들기름2큰술

① 채소들을 씻어 물기를 뺀다. 콩나물은 듬성듬성 여러 번 썰고, 팽이버섯, 양파, 양배추를 모두 3cm 길이로 썬다. 두부는 끓는 물에 데쳐 간수를 빼고 작게 깍둑썰기한다.

② 팬에 팽이버섯, 양파, 양배추, 들기름, 순한고추장을 넣고 약불로 7분가량 폭 익히듯 볶는다.

③ ②+콩나물, 두부를 넣고 중약불로 키워 5분가량 더 익혀 따끈한 현미밥에 비벼먹는다.

콩나물매콤볶음

재료

콩나물300g 들기름1큰술 냉동간장1큰술 청홍청양고추2개씩

① 강불의 팬에 씻은 콩나물, 들기름, 냉동간장, 어슷 썬 청양고추를 넣어 2분 볶다가 중약불로 5분가량 더 볶아 접시에 담아 통깨를 뿌려준다.

콩나물고추장볶음

재료

콩나물200g 애느타리버섯100g 고추장2큰술 청양고추1개 들기름1큰술

① 콩나물과 버섯, 고추를 깨끗하게 씻어 물기를 빼둔다.

② 팬을 강불에 1분 달궈 콩나물과 버섯을 넣고 2분가량 볶다가+들기름, 고추장, 어슷 썬 고추를 넣고 5분가량 볶으면 매콤쫄깃한 밥 도둑 콩나물 반찬이 완성된다.

콩나물팽이아삭고추

생각보다 썩 어울리는 맛!

재료

콩나물300g 팽이버섯1봉 양파½개 아삭이고추1개 고추장1큰술 냉동간장1작은술 들기름2큰술 통깨

① 콩나물을 씻어 물기를 빼고, 팬을 강불로 1분 달군 후 콩나물과 들기름, 냉동간장을 넣고 중약불로 5분가량 볶아 접시에 펼쳐 담고 통깨를 뿌린다.

② 팽이버섯을 씻어 기둥 쪽을 잡아 물기를 짜고 작은 갈래로 나누어 들기름, 고추장1큰술, 양파를 넣고 중약불에서 5분가량 볶는다.(매콤한 맛은 청양고추를 넣어 볶는다)

③ ②를 ①의 콩나물 위에 펼쳐 얹고 아삭이고추를 동글동글 썰어 팽이버섯위에 예쁘게 얹는다.

두부

bean curd

두부김국 단순한 조합인데도 깊은 맛!

재료 - 1인분

두부100g 김2장 다진대파조금 다시마국물250㎖ 국간장½작은술

① 끓는 물에 두부를 데쳐 간수를 빼고 식혀 두부를 손으로 으깬다.

② 냄비에 다시마국물과 두부를 넣고 끓으면 약불로 3분가량 후 국간장으로 간을 맞추고 김을 구워 부숴 넣고 송송 썬 쪽파를 넣어 먹는다.

다시마국물13쪽

두부배추국

재료 - 4인분

두부½모 애느타리버섯200g 다시마국물1L 배춧잎4장 된장3작은술 홍고추조금

① 채소들을 씻어 물기를 뺀다.

② 다시마국물에 버섯을 넣고 끓으면 약불로 3분가량+배추를 손으로 뜯어 넣고 5분가량 후+두부, 고추, 된장을 풀고 2분 더 끓인다.(매콤한 맛은 청양고추를 넣는다)

두부된장국

재료 - 1인분

두부조금 팽이버섯¼봉 된장¼작은술 말린대파 다시마국물200㎖

① 냄비에 다시마국물과 팽이버섯을 씻어 3㎝가량 길이로 썰어 넣어 약불에서 5분가량 끓인다.

② ①에 된장을 풀고 작게 깍둑썰기한 두부를 넣어 보글보글 끓이다가, 말린 대파를 넉넉히 넣어 불을 끄고 먹는다.

▪ 정보 : 한 겨울 노지대파를 썰어 말려두면 여름에도 건강한 노지대파를 먹을 수 있다.

두부김치찌개

재료 - 2인분

두부100g 익은배추김치200g 애느타리버섯100g 들기름1큰술 건다시마1×1㎝⅓줌 생수500㎖

① 두부를 끓는 물에 2분 데쳐 간수를 빼고 한입 크기로 썰고, 버섯은 흐르는 물에 씻는다.

② 뚝배기에 들기름으로 김치를 볶다가+건다시마, 애느타리버섯, 물을 넣고 약불에서 20분가량 보글보글 끓여+두부를 넣고 5분 더 끓인다. 얼큰한 김치찌개는 청양고추를 넣으면 된다.

얼리니 **달라** 지네요~

두부냉동조림

냉동두부

재료

두부1모 새송이버섯2개 건고추1개 국간장1큰술 들기름2큰술 건다시마1×1㎝반줌 물100㎖ 은행20알

과정

① 두부를 통째로 냉동실에 하루 얼린 후 해동해서 수분을 짜면 간수가 빠진다.

② 해동한 두부를 꼭 짠 후 1.5×1.5㎝ 크기로 깍둑썰기하고, 새송이버섯도 같은 크기로 썰고, 건고추는 가위로 자른다.

③ 냄비에 은행을 뺀 재료들을 모두 넣고 약불에서 20분가량 끓이다가+은행을 넣고 국물을 졸인다.

①

②

③-1

③-2

두부스테이크

스테이크 고기를 써는 그 이상의 기분을!

재료 - 2인분

두부1모 팽이버섯1봉 노랑파프리카¼개 보라양파½개 청홍청양고추1개
라온현미유1큰술 냉동간장1큰술 찰현미가루1큰술

①

②

③-1

③-2

과정

① 두부를 끓는 물에 2분 끓여 간수를 빼고 식혀, 두부 크기 그대로 3등분 하여 들기름으로 노릇하게 구워 개인 접시에 각각 담는다.

② 위의 채소들을 씻어 물기를 빼고, 모두 2㎝가량 같은 크기로 썰어 냄비에 모두 넣어 약불로 라온현미유와 냉동간장으로 5분가량 볶다가

③ ②+찰현미가루를 물100㎖에 풀어 넣고 걸쭉하게 2분가량 끓여 불을 끈다.

④ ③을 ①의 개인 접시에 담긴 두부에 끼얹어 스테이크 도구를 이용해 잘라 먹는다.(미리 두부를 잘라서 먹어도 좋다)

두부 간수 빼기

간수란 두부를 만들 때 넣는 응고제로 주성분이 염화마그네슘입니다. 간수 속의 염화마그네슘은 콩 단백질을 응고시키듯 혈관 속의 단백질을 응고시켜 혈전 및 혈압의 주원인이 됩니다. 천일염에서 간수를 빼고 먹는 것처럼 두부도 간수를 빼고 조리해야 건강한 반찬이 됩니다.

제대로 손질된 재료! 반찬연금술의 근간입니다.

1. 끓는 물에 두부를 넣어 2분가량 끓여 건져 깨끗한물에 담가 식힌다.
   (염화마그네슘은 강한 수용성으로 물에 잘 녹는다)
2. 끓는 물에 1차 간수를 뺀 두부를 깨끗한물에 담가 냉장 보관하며 먹는다.
3. 냉동두부를 조리할 때 해동 후 수분을 짜면 간수가 빠진다.

두부은행조림

재료

두부400g 은행20알 양파중1개 통마늘3알 말린고추1개 건다시마1×1cm⅓줌 냉동간장1큰술 생수80㎖ 들기름2큰술

① 두부를 끓는 물에 2분가량 데쳐 간수를 뺀 뒤, 적당한 크기로 썰고 건고추와 양파도 굵직하게 자른다.

② 조림 냄비에 은행만 남기고 모두 넣어 약불에서 20분가량 보글보글 끓이다가, 은행을 넣고 국물을 졸인다.

냉동간장12쪽

따끈한 현미밥과의 조화~

두부마파

재료 - 2~3인분

두부200g 새송이버섯3개 고추장2큰술 건고추½개 양파½개 국간장1큰술 들기름1큰술 찰현미가루1큰술

① 새송이버섯을 씻어 작게 깍둑썰기로 썬다.

② 팬에 새송이버섯, 채 썬 건고추, 고추장, 국간장, 들기름을 넣어 약불로 5분가량 조린다.

③ ②+사방 1.5×1.5㎝로 썬 두부, 다진 양파를 넣어 2분가량 후+찰현미풀물(물150㎖+찰현미가루1큰술)을 부어 끓이다가 걸쭉해지면 간을 맞춘 후 따끈한 현미밥과 먹는다.

두부가지구이

재료

두부1모 가지½개 팽이버섯½봉 청홍청양고추½개씩 들기름1큰술 국간장1작은술

① 두부를 끓는 물에 2분 데쳐 간수를 뺀 뒤 식혀, 가로세로 7×5㎝ 두께 1.5㎝로 썰어 들기름으로 앞뒤 노릇하게 굽는다.

② 가지는 식초물에 씻어 3~4㎝ 길이로 잘라 돌려 깎기하여 껍질을 0.5㎝가량 가늘게 채를 썬다. 버섯은 씻어 3~4㎝ 길이로 썬다.

③ 약불의 팬에 팽이버섯+다진청홍고추+들기름+국간장을 넣어 5분가량 볶다가+②의 가지를 넣고 3분 볶아 불을 끈다.

④ 접시에 잎채소를 깔고 ①의 노릇 구워진 따끈한 두부 위에 ③을 소복이 얹어 먹는다.(가지 대신 피망, 풋고추, 깻잎 등 다양하게 바꿔도 맛있다)

②

두부죽순조림

재료

두부100g 삶은죽순100g 들기름1큰술 냉동간장1큰술 다시마국물100㎖ 청홍고추1개

① 두부를 끓는 물에 2분 끓여 간수를 빼고 식혀, 2×2cm 크기로 썰어 팬에 들기름을 두르고 약불로 5분가량 노릇하게 굽는다.

② 계속 약불에서 ①+두부와 같은 크기로 썬 삶은 죽순, 냉동간장, 다시마국물, 어슷 썬 고추를 넣고 국물이 스며들 때까지 조려 접시에 담아 통깨를 뿌린다.

맛은 때로는 보이는 것과 다를 수 있어요~

두부매콤볶음

재료

두부1모 느타리버섯200g 브로콜리조금 가지½개 마른청양고추3개 국간장1큰술 냉동간장1큰술 들기름2큰술

과정

① 두부를 하루 얼린 후 해동하여 선호의 크기로 썰고, 수분을 짜면 간수가 빠진다.

② 채소들을 식초물에 씻어, 버섯과 브로콜리는 작게 가르고 가지는 어슷썰기 한다.

③ 팬에 버섯, 절구에 으깬 마른청양고추(월남고추도 좋다), 국간장, 들기름 1큰술을 넣고 약불로 3분가량 볶다가

④ ③+두부, 물100㎖, 들기름, 냉동간장을 넣고 4분가량 보글보글 끓여+가지, 브로콜리를 넣고 3분가량 후 국물이 자작해지면 불을 끄고 통깨로 마무리한다.

①

①-2

③-1

③-2

④

두부팽이버섯조림

재료

두부1모 팽이버섯1봉 빨노파프리카각⅙개 양파¼개 청양고추1개 들기름2큰술
냉동간장2큰술 연근가루1큰술

과정

① 두부를 끓는 물에 2분 끓여 간수를 빼고 식혀, 1㎝ 두께로 썰어 약불의 팬에 노릇하게 구워 2×2㎝ 크기로 썬다.

② 채소들을 씻어 물기를 빼고 2㎝ 길이로 썬다.

③ 조림냄비에 버섯과 두부, 고추, 들기름, 냉동간장을 넣고 약불에서 5분 조리다가+양파 파프리카를 넣고 2분가량 후

④ 계속 연근가루풀(물100㎖+연근가루)을 풀어 넣고 3분가량 끓여 껄쭉해지면 접시에 담아 통깨를 뿌린다.(연근가루 대용으로 찰현미가루도 좋다)

①

②-1

②-2

③

④

돼지고기가 울고 가는—— ^^*

두부두루치기

재료

두부1모 애느타리버섯200g 깻잎15장 양파½개 고추장3큰술 청양고추1개 들기름1큰술

① 두부를 끓는 물에 2분 끓여 간수를 빼고 식혀, 1㎝ 두께로 썰어 노릇노릇 오래 구워 식혀 1㎝ 길이로 길게 썬다.

② ①의 두부에+씻어 물기를 뺀 버섯, 들기름, 어슷 썬 고추, 고추장1큰술, 물10큰술을 넣고 약불로 5분가량 조리다가+1㎝ 두께로 썬 양파, 손으로 듬성듬성 자른 깻잎, 고추장1큰술을 더 넣어 3분가량 볶아 접시에 담아 통깨를 뿌려 먹는다.

①

쑥갓 향을 아시지요!

두부쑥갓볶음

재료

두부200g 쑥갓3줄기 파프리카½개 들기름 냉동간장1큰술

① 두부를 끓는 물에 2분 데쳐 간수를 빼고 식혀, 사방 1×1㎝로 깍둑썰기하여 팬에 들기름을 두르고 노릇하게 굽는다.

② ①+1㎝ 길이로 썬 쑥갓과 파프리카, 냉동간장을 넣고 3분가량 볶아 접시에 담아 통깨를 뿌린다

뇌를 춤♪추게~ 하는 자연의 진한 단맛

두부건포도조림

재료

두부1모 건포도30알 고추장1큰술 들기름1큰술 다시마국물100㎖

① 두부를 끓는 물에 2분 끓여 간수를 빼고 식혀, 8㎜ 두께로 썰어 약불에서 들기름으로 노릇하게 구워 6~8 등분한다.

② ①에 나머지 재료를 모두 넣고 약불로 국물이 자작하도록 조린다.

제대로 된 자연 단맛 선택! 반찬연금술의 근간입니다.

두부김볶음

단순한 재료, 맛있는 반찬! 창조적 연금술^^

재료

두부200g 김4장 들기름1큰술 고운천일염¼작은술 통깨

① 단단한 두부를 끓는 물에 2분 데쳐 간수를 빼고 식혀, 손으로 입자가 있도록 으깬다.

② 팬에 두부, 들기름, 고운천일염을 넣고 약불로 5분가량 볶다가+구운김을 구워 부숴 넣고 3분가량 더 볶아 오목한 접시에 담아 통깨를 뿌려 개인 접시에 담아 숟가락으로 먹는다.

두부매콤조림

재료

두부200g 새송이버섯2개 고추장2큰술 청양고추2개 들기름2큰술 다시마국물100mℓ
쑥갓

과정

① 두부를 끓는 물에 2분 끓여 간수를 빼고 식혀, 사방 2×2㎝로 깍둑썰기 하여 팬에 들기름을 두르고 노릇노릇 오래 굽는다.

② ①+반 갈라 어슷 썬 버섯, 고추장, 청양고추, 다시마국물을 넣고 계속 약불로 끓이며 국물을 자작하게 졸인다.

③ 접시에 쑥갓을 깔고 조린 두부를 담아 통깨를 뿌려 쑥갓과 함께 먹는다.(쑥갓 대신 깻잎, 채 썬 대파도 좋다)

①

②-1

②-2

③

두부동그랑땡

두부가 고기 대용이 될 수 있음을 실감하는 맛

재료

두부 애느타리버섯 청홍고추 깻잎 양파 찰현미가루 들기름 냉동간장 라온현미유

과정

① 두부를 끓는 물에 2분 끓여 간수를 빼고 식혀, 마른 수건으로 물기를 꼭꼭 닦아준 뒤 손으로 곱게 으깨 놓는다.

② 채소들을 씻어, 버섯은 잘게 찢어 물기를 꼭 짜 5㎜ 길이로 다지고+고추, 양파도 같은 크기로 썰어 들기름과 냉동간장을 넣어 약불로 국물이 자작하도록 볶아 식힌다.(매운맛은 청양고추, 버섯을 넉넉히 넣어야 맛있다)

③ ①의 두부+②+5㎜ 길이로 다진 깻잎+찰현미가루+검은깨를 넣어 손으로 고루 섞어 반죽한다.

④ 30분 후 작게 동그랑땡으로 만들어 약불의 팬에 라온현미유를 두르고 앞뒤로 노릇하게 굽는다.

①-1

①-2

①-3

②-1

②-2

④

나만의 독특한 채식 스테이크 도전~

두부함박스테이크

재료

두부200g 애느타리버섯200g 양배춧잎2장 고추1개 양파½개 들기름2큰술
찰현미가루3큰술 작은조각땅콩1큰술 냉동간장2큰술 토마토소스

과정

① 양배추를 씻어 아침에 널어 하루 햇살에 말려 꼬들꼬들해지면, 김밥 속처럼 1㎝ 간격으로 세로로 길게 썬 후, 가로 5㎜로 짧게 다지듯 썬다.

② 두부를 끓는 물에 2분가량 끓여 간수를 빼고 식혀, 마른 수건으로 물기를 꼭꼭 닦아준 뒤 손으로 으깨 놓는다.

③ 버섯을 씻어 잘게 찢어 5㎜ 길이로 썰고, 고추, 양파도 같은 크기로 다지듯 썰어 들기름과 냉동간장을 넣어 국물이 없도록 볶아 식힌다.(매운맛은 청양고추)

④ ①+②+③+찰현미가루+땅콩분태를 넣어 고루 섞어 반죽한다.

⑤ 30분 후 ④를 1인용 크기로 둥글둥글 만들어 팬에 현미유를 두르고 약불로 앞뒤 노릇하게 구워 접시에 담아 소스를 뿌려 채소, 과일과 함께 곁들인다.(토마토소스 만들기 13쪽 참고)

①-1

①-2

②

③

⑤

버섯

mushroom

버섯국
버섯감자말이전
버섯실파들깨새싹전
버섯상추쑥갓새싹전
새송이버섯잡채
새송이꼬마버섯조림
새송이버섯감자조림
새송이버섯초절임
팽이버섯쌈
팽이버섯깻잎볶음
팽이버섯전
팽이버섯볶음
팽이콩나물쫄깃볶음
표고버섯마파두부
표고깍둑전
양송이꼬마새송이꼬지
양송이버섯찜
애느타리꽈리고추조림
애느타리은행조림
애느타리들깨무침
애느타리매콤두루치기

버섯국

재료 - 2인분

팽이버섯1봉 애느타리버섯100g 마늘2알 다시마국물500㎖ 들깻가루1큰술 국간장1큰술

① 버섯을 손질하여 씻는다.(표고버섯, 양송이, 백일송이 등도 좋다)

② 넉넉한 냄비에 다시마국물+저민 마늘+①의 버섯을 넣고 부르르 끓는 기미가 느껴질 때 재빠르게 불을 끄고 거품을 걷어낸 후

③ ②를 약불에서 5분가량 끓여+국간장, 들깻가루를 넣어 1분이면 완성된다.

다시마국물13쪽

버섯감자말이전

재료

팽이버섯조금 애느타리버섯조금 감자2알(약350g) 청홍청양고추½개씩 고운천일염⅔작은술 라온현미유

① 버섯을 씻어 마른 수건으로 물기를 빼주고 애느타리버섯은 3~4송이씩 나눈다. 팽이버섯은 7㎝ 정도 길이로 자른다.

② 감자를 갈아 천일염, 다진 청양고추를 넣고 섞는다.(순한 맛은 고추 대신 대파 또는 당근)

③ 약불로 달군 팬에 기름을 바르고 ②를 지름 6~7㎝ 크기로 동그랗게 놓고, 위에 버섯을 얹어 감자전 양옆을 버섯에 감싸 부친다.

버섯실파들깨새싹전

재료

팽이버섯 새싹들 통밀가루 고운천일염 라온현미유

텃밭에 촘촘히 솟아나는 새싹을 솎아내면 한 광주리! 새싹현미비빔밥, 무침, 샐러드...... 음~ 새로운 시도로 새싹전은 어떠세요? 이름까지 예쁜! 상추새싹전, 쑥갓새싹전, 들깨새싹전~ 뿌리까지 연한 새싹을 쏙 뽑아 흐르는 물에 씻어 뿌리째 현미가루와 반죽해 들기름에 한 큰술 크기로 구워내면 아이들이 "요 새싹은 이름이 뭐예요?" "상추!" "와~ 요건 또 뭐지! 뭘까?" 질문과 탄성이 쏟아지는 호기심 밥상이 되지요. ^^*

버섯상추쑥갓새싹전

어떤 재료로도 전을 **창조**해 볼 수 있다!

재료

팽이버섯 새싹들 현미가루 고운천일염 라온현미유

새송이버섯잡채

잡채는 손이 많이 가고 번거롭다?
제대로 손질해도 간단하고 맛도 OK!

재료

새송이버섯1봉 불린당면150g 청홍고추½개씩 냉동간장2큰술 들기름2큰술

과정

① 당면을 깨끗한물에 8시간 불린다.

② 새송이버섯을 끓는물에 씻어 크기 모양대로 6~7등분 하여 길게 채를 썬다.

③ 약불의 팬에 버섯, 불린 당면, 들기름, 냉동간장, 길게 썬 고추, 물100㎖를 넣고 조리듯 볶아 국물이 모두 스며들면 접시에 담고 통깨를 뿌린다.(매운맛은 청양고추. 순한 맛은 풋고추)

①

②

③-1

③-2

냉동간장12쪽

버섯 씻기

요즘 마트나 시장에서 쉽게 살 수 있는 하우스재배 버섯 대부분이 무농약이라 표기되어 있더군요. 그런데 의심병이 많은 저는 무농약이라 해도 꼭 씻는 과정을 거칩니다. 무농약이라면 농약이라는 이름이 아닐 뿐, 다른 약품을 쳤을 가능성도 있다고 여기기 때문이지요. 아니면 감사하고요~♥

내 입과 식구들의 입에 들어갈 음식은 내가 결정합니다. 의식하면서 외부 정보를 참고하되 맹신하지는 않고요. 겉(표기된 것)과 속(내용물)이 일치되는 제대로 된 먹거리 풍토와 세상을 꿈꾸며...

제대로 손질된 재료! 반찬연금술의 근간입니다.

1. 버섯을 다듬고 나누어 물에 2분가량 담근 후 흐르는 물에 씻는다.

2. 버섯을 다듬고 나누어 끓는 물에 넣어 40초가량 긴나무저로 뒤적여주며 뜨거운 물에 씻어준다.(이렇게 씻어주면 잔류약품이 씻기고 버섯갓도 부서지지 않는다)

새송이꼬마버섯조림

재료

꼬마새송이버섯1봉 국간장1큰술 들기름1큰술 청양고추1개 통마늘5알 은행20알

① 냄비에 씻은 꼬마새송이버섯, 국간장, 들기름, 어슷 썬 청양고추를 넣어 뚜껑을 닫아 약불로 7분가량 끓이면 국물이 생긴다.(마늘과 은행을 생략하면 이때 불을 키워 국물을 조려 통깨로 마무리한다. 순한맛은 풋고추로)

② ①+반 자른 마늘과 은행을 넣고 5분 후 국물이 남았으면 불을 키워 조려 통깨로 마무리한다.

새송이버섯감자조림

재료

새송이버섯2개 감자2개 건고추1개 통마늘2알 건다시마1×1㎝(30개가량) 국간장1큰술 들기름2큰술 생수100㎖

① 감자를 껍질째 씻어 반 자르고 1㎝ 두께로 반달 썬다. 새송이버섯도 씻어 세로로 반 자르고 감자와 같은 모양에 두께는 1.5㎝로 썬다.

② 냄비에 어슷 썬 건고추, 저민 마늘, 위의 재료를 처음부터 모두 넣고 끓으면 약불로 뚜껑을 닫고 15분가량 조리다가 조림 국물이 많으면 1~2분 강불로 졸인다.

새송이버섯초절임 버섯에 초절임 시도

재료

새송이버섯大10개

과일간장초소스 = 냉동간장50㎖+감식초50㎖+갈은배中2개+생수50㎖

① 새송이버섯을 3등분 하여 원통형으로 세워 5㎜ 두께로 썰어 한여름 햇살에 이틀 꼬들꼬들 말린다.

② 비율대로 과일간장초소스를 만든다.

③ 꼬들꼬들 말린 버섯을 깨끗한물에 조물조물 씻어 물기를 꼭 짠다.

④ ③+소스를 모두 부어 고루 섞고 절임병에 넣어 누름돌로 눌러, 여름 기준 하루 후 냉장고로 옮겨 3일후 부터 먹는다.

팽이버섯쌈

세상 쌈 다 평정 톳 쌈에 이의제기~ㅎㅎ

재료

팽이버섯 상추 깻잎 당귀잎 쑥갓 마늘 들기름 천일염 쌈장

① 쌈채들을 식초물에 씻어 물기를 뺀다.

② 팽이버섯을 씻어 기둥 쪽을 잡아 물기를 짠 뒤 1㎝ 두께의 갈래로 나눠 들기름 넣은 팬에 천일염 한꼬집 뿌려 굽는다.

③ 모둠 쌈채에 팽이버섯과 저민 마늘, 쌈장을 싸서 먹는다.

쫄깃함과 향의 만남♥

팽이버섯깻잎볶음

재료

팽이버섯1봉 깻잎10장 홍청양고추½개 국간장1큰술 들기름1큰술

① 버섯은 밑동을 다듬어 씻어 꼭 짜 여러 갈래로 나누고, 깻잎도 식초물에 씻어 물기를 뺀다.

② ①+어슷 썬 고추, 들기름, 국간장을 넣어 약불의 팬에 7분가량 볶다가+깻잎을 손으로 반 잘라 넣고 3분 볶아 불을 끈다.(순한맛은 홍고추)

팽이버섯전

재료 - 한 큰술 크기 10개가량

팽이버섯1봉 홍고추1개 깻잎5장 고운천일염⅔작은술 현미가루5큰술 물10큰술 라온현미유

① 버섯은 밑동을 정리하고 씻어 꼭 짜고 2㎝ 길이로 자른다.

② 현미가루와 물12큰술로 반죽하고+①, 다진 고추, 다진 깻잎, 고운천일염을 넣어 섞는다.(고추 대신 당근도 좋다)

③ 약불로 달군 팬에 기름을 바르고 ②를 한 큰술 크기로 전을 부친다.

팽이버섯볶음

재료

팽이버섯1봉 홍청양고추⅓개 고운천일염⅓작은술 들기름1큰술

① 버섯은 밑동을 정리하고 씻어 짜고 작은 갈래로 나눈다.

② ①+어슷 썬 고추, 들기름, 천일염을 넣어 약불의 팬에 7분가량 볶는다.

팽이콩나물쫄깃볶음

재료

팽이버섯1봉 콩나물150g 청홍청양고추각½개 국간장1큰술 들기름2큰술

① 버섯은 밑동을 정리하고 씻어 짜고 작은 갈래로 나눈다.

② 콩나물을 씻어 물기를 빼고 팬을 강불로 1분 달궈 콩나물, 들기름을 넣어 3분 볶는다.

③ ②를 중약불로 줄여+팽이버섯, 어슷 썬 청홍고추, 국간장을 넣고 5분가량 조리다가 간이 부족하면 고운천일염 한꼬집으로 맞춘다.

표고버섯마파두부

재료 - 2~3인분

표고버섯10개 두부200g 국간장2큰술 부추20줄 들기름1큰술 들깻가루1큰술 찰현미가루1큰술 생수150㎖

① 표고버섯을 씻어 1×1㎝로 깍둑썰기하고, 두부도 같은 크기로 썬다.

② 표고버섯, 국간장, 들기름을 넣어 약불로 3분 조린 후+두부를 넣어 3분가량 더 조린다.

③ ②에+1㎝ 길이의 부추, 들깻가루, 찰현미가루1큰술+물150㎖를 풀어 넣고 끓이다가 농도가 걸쭉해지면 따끈한 현미밥과 먹는다.

다르게 썰어보기
다르게 썰어보기
다르게 썰어보기

표고깍둑전

통째로 전을 부쳐도 되지만 표고를 썰어서 부쳐보니 튀김 같아 아이들이 좋아하네요~

재료

표고버섯中6개 현미가루7큰술 고운천일염½작은술 라온현미유

① 반죽=현미가루+천일염+물7큰술+씻은 표고버섯을 가로세로 1×1㎝로 깍둑썰기하여 섞는다.

② 약불로 달군 팬에 현미유를 바르고 ①의 반죽을 한 큰술 크기 전으로 앞뒤 노릇하게 부친다.

꼬마라고 놀리지 말아요~♪

양송이꼬마새송이꼬지

재료

양송이버섯大12개　새송이꼬마버섯6개　들기름1큰술　냉동간장1큰술　후추

① 양송이버섯은 좀 큰 것을 사고, 꼬마새송이도 알이 굵은 것을 사서 씻는다.

② 팬에 들기름과 냉동간장으로 ①을 5분가량 볶아 식힌다.(간장을 넣지 않고 굽기만 하여 들기름천일염장에 찍어 먹어도 좋다)

③ 양송이버섯과 꼬마새송이를 꼬지에 끼워 취향에 따라 후추를 뿌려 접시에 낸다.

억새 과일 전꽂이
주)억새평원(국내산)

양송이버섯찜

재료

양송이버섯10개 감자1개 청피망¼개 빨강노랑파프리카¼씩 양파½개 애느타리버섯100g 들기름1큰술 고운천일염1작은술

① 채소들을 씻어 양송이는 기둥을 떼어 놓는다.

② 애느타리버섯은 잘게 찢어 다지고+피망, 파프리카, 양파를 모두 작게 다져 들기름과 천일염으로 볶는다.

③ 감자는 갈아 체에 밭쳐 국물을 쪽 뺀 후 건더기만+②와 고루 섞는다.

④ 양송이 갓 안에 ③을 약간 도톰하게 채워 넣고, 찜기에 중불로 10분가량 쪄 접시에 낸다.(③이 지나치게 도톰하면 익으며 부피가 늘어나 너무 커진다)

①

나는 꽈리인데 버섯과 만나길 바래여~

애느타리꽈리고추조림

재료

애느타리버섯200g 꽈리고추300g 홍고추1개 들기름1큰술 국간장1큰술

① 버섯을 흐르는 물에, 고추는 식초물에 씻어 물기를 뺀다.

② 팬에 버섯, 들기름, 국간장을 넣고 약불에서 5분가량 볶다가

③ 큰 꽈리고추는 가위로 반 어슷 잘라 주고, 홍고추는 반 갈라 짧게 채 썰어 ②에 모두 넣어 약불로 계속 10분가량 간이 배도록 고루 섞어주며 조린 후 접시에 담아 통깨를 뿌려낸다.(양파를 넣어도 맛있다)

애느타리은행조림

재료

애느타리버섯200g 통마늘3알 은행20알 국간장1큰술 들기름1큰술

① 버섯을 씻어 냄비에 넣고+위의 재료를 모두 넣어 약불에서 10분가량 졸인다.

애느타리들깨무침

재료

애느타리버섯300g 들깻가루1작은술 천일염½작은술 들기름1작은술

① 버섯은 여러 갈래로 나눈다. 물을 끓여 불을 끄고 버섯을 넣어 저어주며 15초 씻어 체로 건져 식혀 물기를 짠다.

② ①+들기름, 들깻가루, 천일염을 넣어 조물조물 무쳐 접시에 낸다.

애느타리매콤두루치기

재료

애느타리버섯300g 깻잎10장 양파½개 청양고추2개 고추장2큰술 다진마늘½작은술 들기름1큰술

① 버섯을 씻고, 다른 채소도 씻어 썰어둔다.

② 팬에 버섯, 어슷 썬 청양고추, 고추장, 다진마늘, 들기름을 넣어 약불로 7분가량 볶는다.

③ ②에+반달 썬 양파와 깻잎을 손으로 반 잘라 붙지 않도록 흩트려 넣어 3분 더 볶아 접시에 담아 통깨를 뿌린다.

해 초

seaweed

생미역볶음
생미역무침
생미역회
생미역쌈
생미역국
톳탕
톳감자전
톳된장국
톳볶음
톳이랑새싹이랑
톳쌈
톳콩나물전
곰피은행볶음
곰피새싹두부
곰피두부스테이크
매생이국
파래탕
매생이전
파래전
해초탕

생미역볶음

재료

생미역150g 애느타리버섯200g 들기름1큰술 마늘3알 당근조금

① 생미역을 깨끗이 씻어 3㎝ 길이로 자른다. 버섯도 와락와락 주물러 씻는다.

② 팬에 저민 마늘과 들기름, 버섯을 넣어 중약불에서 3분 볶다가+①의 생미역, 채 썬 당근을 넣어 5분가량 볶아 접시에 담아 통깨로 마무리한다.(생미역 자체에 간이 있으나, 간이 부족하다 싶으면 고운천일염으로 맞춘다)

생미역무침

겨울 바닷속의 생명! 데쳐서만 먹나요. 생채소처럼 생해초로

재료

생미역150g 들기름1큰술 냉동간장1큰술 고춧가루½작은술 통깨 양파홍파프리카고명

냉동간장12쪽

① 생미역을 천일염 조금 넣어 조물조물 구석구석 깨끗이 씻어 꼭 짜서 먹기 좋게 자른다.

② ①에 위의 양념을 모두 넣어 무친다.

생미역회

미역엔 초고추장 고정? 다른 소스 시도하기!
※ 주의를 요함 생미역 간장소스, 된장소스 홀릭 가능ㅎㅎ

재료

간장소스 = 냉동간장1 : 들기름1 : 통깨1
매콤간장소스 = 냉동간장2 : 매운고춧가루1 : 들기름2 : 통깨1
된장소스 = 된장1 : 진한다시마국물5 : 고춧가루1 : 들기름2 : 다진청양고추0.5 : 다진마늘0.5

① 센 줄기는 잘라내고 천일염 조금 넣고 와락와락 깨끗이 주물러 씻어 헹궈 물기를 뺀다.(생미역을 짤 때 짤순이는 유용하다)
② 선호하는 소스를 준비한다.
③ 긴 생미역을 줄기째 들고 소스에 찍어 먹는다.

한일미니짤순이

생미역쌈

현미밥에 미역쌈만 싸먹어도 다른 반찬 필요없지요. 공기밥 추가요~ ^6^

재료

생미역 쌈장 저민마늘 양파

① 크기가 크고 잎이 넓은 생미역을 천일염을 조금 넣고 와락와락 깨끗이 주물러 씻어 물을 꼭 짠다.(생미역을 짤 때 짤순이는 유용하다)

② ①의 생미역을 10㎝ 길이(한 쌈 넓이)로 썰어 접시에 담는다.

③ ②의 생미역쌈에 현미밥을 넣고 쌈장과 마늘로 쌈을 싸 먹는다.(노지파채, 청양고추, 버섯 등을 함께 싸먹어도 좋다)

생미역국

재료 - 2인분

생미역100g 애느타리버섯100g
다시마국물500㎖ 들깻가루1큰술
마늘2알 국간장1큰술 들기름1큰술

① 생미역을 깨끗이 씻어 선호의 크기로 자른다.

② 냄비에 생미역, 다진 마늘, 들기름을 넣어 2분 볶다가+다시마국물, 애느타리버섯을 넣고 보글보글 끓으면 약불로 5분가량 뒤+들깻가루 넣고 국간장으로 간을 맞추고 1분 후 불을 끈다.

톳탕

재료 - 2인분

생톳200g 애느타리버섯100g
팽이버섯½봉 들깻가루1큰술 두부½모
다시마국물500㎖

① 생톳을 씻어 듬성듬성 썬다.
② 버섯들도 씻어 송이대로 갈라 놓는다.
③ 뚝배기에 다시마국물, 애느타리버섯을 넣어 끓고 3분 후
④ ③에+두부, 들깻가루, 톳, 팽이버섯을 넣어 3분가량 끓여 불을 끈다.

톳감자전

재료 - 한 큰술 크기 12개가량

톳2줄 감자中3알 홍청양고추조금 고운천일염½작은술 라온현미유

과정

① 톳을 씻어 찬물에 5분 담가 짠맛을 뺀 뒤 물기를 빼둔다.

② 잘 씻은 감자를 껍질째 강판에 갈아 체에 밭쳐 물기를 빼고 건더기와 가라앉은 녹말을 넣고+천일염을 넣어 섞는다.(당뇨식은 녹말을 뺀다)

③ 약불로 달군 팬에 기름을 바르고 ②를 한 큰술씩 놓고 위에 톳을 조금 잘라 예쁘게 얹는다. 순한맛은 당근, 매운맛은 홍청양고추를 고명으로 얹어 부친다.

①

②-1

②-2

③

톳된장국

재료 - 2인분

생톳100g 두부½모 애느타리버섯100g 감자1알 청양고추½개 다시마국물600㎖ 된장1작은술

① 톳을 씻어 찬물에 5분 담가 짠맛을 뺀 뒤 물기를 빼 한입 크기로 썰어 둔다.

② 애느타리버섯은 송이대로 갈라 씻고, 감자도 씻어 껍질째 5㎜ 두께 반달모양으로 썬다.

③ 냄비에 다시마국물+버섯+감자를 넣어 끓으면 약불로 6분가량 후+된장, 두부, 고추, 톳을 넣고 3분 끓여 불을 끈다.

다시마국물13쪽

톳볶음

쫄깃 쫄깃, 오독오독 현미밥 도둑^^

재료

생톳200g 애느타리버섯200g 양파½개 당근조금 냉동간장1큰술 라온현미유 통깨

① 톳을 씻어 찬물에 3분 담가 짠맛을 뺀 뒤 한입 크기로 썬다.

② 애느타리버섯은 송이대로 갈라 씻고, 양파와 당근은 채 썬다.

③ 버섯, 현미유, 냉동간장으로 약불에서 5분가량 볶다가+톳, 양파, 당근을 넣어 5분가량 볶아 국물이 자작해지면 불을 끄고 접시에 담아 통깨를 뿌려낸다.

톳이랑새싹이랑

재료

톳150g 새싹조금 양파¼개 초고추장3큰술 통깨

① 생톳은 조물조물 씻어 3분 물에 담가 짠맛을 뺀 후, 끓는 물에 넣어 초록으로 변하면 찬물에 헹궈 듬성듬성 잘라 물기를 빼 둔다.

② 새싹도 식초1 : 찬물50의 비율로 10분 담가 건져 맑은 물에 헹궈 물기를 빼 둔다.

③ ①과 채 썬 양파를 초고추장에 무친 후 접시에 담아 새싹을 얹어 식탁에 낸다.

초고추장12쪽

톳쌈

세상 쌈 다 평정! ㅎㅎ

재료

생톳 두부 상추 깻잎 저민마늘 쌈장(또는 초고추장)

① 생톳을 조물조물 씻어 3분 물에 담가 짠맛을 뺀 후, 끓는 물에 넣어 초록으로 변하면 건져 찬물에 헹궈 물기를 빼 둔다.

② 쌈채를 식초물에 씻어 준비한다.

③ 두부를 끓는 물에 데쳐 간수를 빼주고 식혀 2×2㎝크기로 깍둑썰기한다.

④ 접시에 쌈채와 한입 크기로 자른 톳, 두부, 저민 마늘을 담는다.

⑤ 쌈채에 현미밥, 톳과 두부, 마늘을 얹고 쌈장으로 톳쌈을 싸먹는다.

톳콩나물전

재료 - 한 큰술 크기 12개 가량

톳1줌 콩나물1줌 팽이버섯½봉 통밀가루3큰술 천일염 라온현미유

① 톳을 씻어 찬물에 5분 담가 짠맛을 뺀 뒤 물기를 빼 여러 번 썬다.

② 콩나물과 팽이버섯도 씻어 물기를 빼고 4등분 썬다.

③ 통밀가루+물12큰술+고운천일염½작은술로 반죽을 한다.

④ ③에+①+②를 모두 섞는다.

⑤ 약불로 달군 팬에 기름을 바르고 한 큰술 크기로 전을 부친다. 매운맛은 청양홍고추로 고명을 얹는다.

곰피은행볶음

재료

곰피100g 팽이버섯1봉 양파½개 당근조금 은행 들기름1큰술 고운천일염½작은술

① 천일염을 조금 넣어 와락와락 주물러 씻어 준 곰피를 깨끗한물에 10분 담가 씻어 꼭 짜 한입 크기로 썬다.

② 팽이버섯도 밑동을 다듬어 여러 갈래로 나눠 씻는다.

③ 팬에 들기름, 팽이버섯, 천일염, 은행을 넣어 중약불에서 5분가량 볶다가+채 썬 당근, 양파, 곰피를 넣어 3분가량 볶아 접시에 담아 통깨를 뿌려낸다.

곰피새싹두부

재료

곰피 깻잎 새싹 두부 들기름 초고추장

① 곰피를 끓는 물에 파랗게 데쳐 씻어 꼭 짜 3㎝ 길이로 썬다.

② 두부를 넓이의 크기를 유지하며 4등분 하여 팬에 들기름으로 앞뒤 노릇하게 구워 식혀 5㎜ 두께로 채 썬다.

③ 새싹과 깻잎을 식초물에 10분 담근 후 씻어 물기를 빼고 깻잎은 말아 채를 썬다.

④ 접시에 곰피, 두부, 깻잎을 차례로 놓고 위에 새싹을 얹어 초고추장을 뿌려 먹는다.

곰피두부스테이크

재료 - 1인분

곰피1줄 두부넓게¼모 애느타리버섯50g 당근 노지대파½개 냉동간장1작은술 들기름 연근가루1작은술

① 두부를 팬에 앞뒤로 노릇하게 구워 접시에 담아 놓는다.

② 곰피를 물에 5분 담가 짠기를 빼고 3cm로 썬다.

③ 채소들을 씻어 적당히 썰고 당근은 채 썬다.

④ 중약불의 팬에 버섯, 당근, 들기름, 냉동간장을 넣고 3분 볶다가+곰피 넣고 30초 볶다가+연근물과 대파를 넣어 걸쭉하게 끓여 2분가량 후 두부 위에 얹는다.(연근가루 대신 현미찹쌀가루도 좋다. 스테이크용 칼과 포크를 놓거나, 구운 두부를 미리 6등분으로 칼집을 내도 좋다)

매생이국 삶에 부드러움이 필요한 시간이라면~

재료 – 1인분

매생이1뭉치의¼ 양송이버섯5개 숙주나물조금 두부조금 다시마국물200㎖ 고운천일염조금

① 매생이를 깨끗이 씻는다.(매생이 씻기 111쪽 참고)

② 양송이버섯, 숙주도 씻고 두부는 1×1㎝로 깍둑썰기한다.

③ 냄비에 다시마국물, 양송이버섯, 두부 넣고 5분가량 끓여+씻은 숙주, 천일염 넣고 1분 후+뚜껑을 연채로 매생이를 넣어 부르르 끓어 오르면 불을 줄여 먹어보며 자신만의 향과 맛의 경계를 익힌다.(매생이 끓이기 111쪽 참고)

파래탕

재료 - 2인분

파래1뭉치 양송이버섯6개 팽이버섯½봉 두부¼모 다시마국물500㎖ 고운천일염

① 파래를 씻어 체로 건져내 듬성듬성 자른다.

② 버섯을 씻어 놓고, 두부는 끓는 물에 데쳐 간수를 빼고 1×1㎝로 작게 자른다.

③ 냄비에 다시마국물, 양송이버섯, 두부를 넣고 끓기 시작 5분 후+파래, 팽이버섯 넣고 보글보글 끓으면 천일염으로 간을 맞추고 파래맛과 향이 달아나지 않도록 불을 빨리 끄고 따끈할 때 먹는다.

매생이전

재료 - 한 큰술 크기 10개가량

매생이1뭉치의⅓ 팽이버섯1봉 당근조금 통밀가루 천일염 들기름

과정

① 반죽 그릇에 통밀가루3큰술+물12큰술+고운천일염½작은술로 반죽한다.

② 매생이를 씻어 꼭 짜 가위로 듬성듬성 자르고, 씻어 꼭 짠 팽이버섯도 길이를 4등분 하여 ①에 섞는다.

③ 약불로 달군 팬에 기름을 바르고 한 큰술 크기로 전을 부친다. 고명으로 다진 당근을 얹는다.

①

②

③

매생이 뭉치는 재기(작은 그릇)라고 해요. 시중에서 파는 한 재기 즉 한 뭉치는 약 400g으로 4인분가량 됩니다.
매생이는 아주 부드러워 섬세한 요리과정이 요구되죠.

매생이 씻기

① 매생이를 깊은 체에 넣고 깨끗한물에 담가 체 밖으로 빠져나가지 않게 젓가락으로 휘저어주며 같은 방법으로 2번 씻는다.

② 체 안에 든 매생이를 손등으로 눌러 물을 빼준다.

매생이 끓이기

국물이 끓을 때 넣은 매생이가 진초록→연초록으로 바뀌면 국자로 떠보고 죽 늘어지면 덜 익은 것이고, 뚝 끊어지면 다 익은 것이다. 매생이는 오래 끓이면 맛과 향이 달아나고 녹는다. 매생이가 익으면서도 맛과 향이 살아있는 경계를 섬세하게 터득한다.

파래전

향긋한 파래와 쫄깃한 팽이의 하모니!

재료 – 한 큰술 크기 12개가량

파래1뭉치　팽이버섯1봉　당근조금　라온현미유

반죽 = 현미가루5큰술+천일염½작은술+물10큰술

과정

① 파래를 씻어 체로 건져 물기를 짜 듬성듬성 자른다.

② 팽이버섯은 밑동을 정리하여 씻어 기둥 쪽을 꼬~옥 누르며 물기를 짜고 길이 1㎝로 짧게 자른다.

③ 반죽을 하여+①+②를 넣어 섞어 준다.

④ 약불로 달군 팬에 기름을 바르고 한 큰술 크기로 순한 맛은 당근, 매콤한 맛은 홍청양고추를 얹어 부친다.

②

③

④-1

④-2

해초탕

해물탕은 다 알지만, 해초탕은 아시나요?

재료 - 2인분

다양한해초조금씩 콩나물1줌 애느타리버섯100g 애호박¼개 노지대파1개 다시마국물500㎖

매콤양념장 = 어슷썬청양고추2개+고춧가루1큰술+다진마늘1작은술+냉동간장1작은술+물1큰술

과정

① 생미역, 곰피, 톳은 특히 넉넉히 와락 바락 주물러 씻어 5분 찬물에 담근 후 먹기 좋게 자른다.

② 채소들을 씻고, 흰 부분 대파는 반 잘라 세로로 4등분, 애호박도 썬다.

③ 매콤양념장을 만든다.

④ 탕냄비에 다시마국물을 넣고 끓으면+콩나물과 애느타리버섯을 넣고 5분 끓여+①의 해초 넣고 끓으면 1분 후+매콤양념장을 풀어 넣고 애호박 넣고 1분 후+불을 끄고 대파를 넣어 살폿 익혀 냄비째 식탁에 낸다.

①

②

③

④

섬초

spinach

섬초된장국

섬초볶음

섬초된장무침

섬초순수무침

섬초김쌈

섬초현미꼬마김밥

섬초대봉소스샐러드

섬초잡채

섬초생미역무침

섬초전

섬초키위귤

섬초프라페

시금치두부볶음

시금치파프리카볶음

시금치팽이버섯당근

시금치두부무침

섬초된장국

재료 - 2인분

섬초小10뿌리 콩나물100g 된장1작은술 고추 다시마국물500㎖ 마늘1알

① 섬초를 뿌리까지 깨끗이 씻어 뿌리에서 길게 4등분 하고, 콩나물은 씻어 둔다.

② 냄비에 다시마국물, 콩나물, 저민마늘을 넣고 5분 끓인 후+된장, 고추, 섬초를 넣고 2분 후 불을 끄면 완성된다.

다시마국물13쪽

섬초볶음

재료

섬초5뿌리 파프리카¼개 양파¼개 애느타리버섯100g 청양고추1개 냉동간장1큰술 들기름½작은술

① 섬초를 뿌리째 씻어 뿌리에서 길게 4등분 한다.

② 나머지 채소를 씻어 모양 길이대로 썬다.

③ 팬에 들기름, 버섯, 냉동간장, 청양고추를 넣어 약불로 3분 볶다가

④ ③+섬초, 양파, 파프리카를 넣고 볶아 2분 후 접시에 담아 통깨를 뿌린다.

섬초된장무침 영혼을 울리는 순수한 맛!

추운 겨울을 이겨내려 땅바닥에 납짝 엎드려 치열하게 생명을 키워낸 노지 시금치 섬초! 영양과 맛에 설명이 필요할까요. 존재 자체로 영약(靈藥)입니다.
살짝 삶은 섬초는 들기름과 통깨를 듬뿍 넣어 무칩니다. 생채로 섭취하는 섬초는 수산이 살아있어 영양이 됩니다. 겨울에 눈밭을 헤치고 초록의 싹을 틔운 경이로운 제철 섬초를 넉넉히 드시기 바랍니다.

섬초는 붉은 뿌리에, 보라빛 진초록 단단한 잎, 짧은 키가 맛있습니다.
제대로 된 재료 선택! 반찬연금술의 근간입니다.

① 과정은 옆과 같으며 천일염 대신 된장소스를 넣어 무친다.

된장소스12쪽

섬초순수무침

치열한 인동의 생명이 담은 대자연의 맛!

재료

섬초 천일염아주조금 들기름 통깨듬뿍

① 섬초를 뿌리까지 깨끗이 씻어 물이 끓으면 불을 끄고, 섬초를 넣어 10초 후 과감하게 건져 찬물에 빠르게 헹궈 짠다.

② 삶은 섬초를 뿌리에서 길게 4등분 썰어 들기름, 천일염 조금, 통깨 넣어 조물조물 무친다.(섬초무침은 천일염을 조금 넣어 심심할 수록 달고 맛있다)

섬초김쌈

재료

김 섬초 우엉 파프리카 두부 보라콜라비 고추냉이간장소스

① 섬초를 뿌리째 씻어 생채로 뿌리에서 길게 6등분 한다.

② 끓는 물에 2분 데쳐 간수를 뺀 두부는 크기대로 넓게 1㎝ 두께로 썰어 약불의 팬에 들기름 발라 노릇하게 구워 식혀 1㎝ 길이씩 자른다.

③ 채소를 씻어 얇게 채 썰고, 우엉은 냉동간장과 들기름으로 볶아 통깨를 뿌린다.

④ 생김은 4등분 하고 준비한 채소를 싸서 소스에 찍어 먹는다.

섬초의 주성분인 수산과 비타민C는 살아있는 수산으로 우리 몸에 자연스럽게 흡수됩니다. 생섬초의 살아있는 수산을 끓는 물에 익히면 죽은 수산이 되죠. 죽은 수산을 많이 섭취하면 결석을 만드는 요인이 되지만

살아 있는 수산은 영양이 됩니다.

섬초를 데칠 때 섬초는 생으로도 먹으니 반 만 익힌다는 의식을 지니고 물이 끓으면 불을 끄고, 뜨거운 물에 넣었다가 바로 건져 빠르게 찬물에 담가 헹구면 생생하고 달콤합니다.

섬초현미꼬마김밥

재료 - 1인분

섬초小2뿌리 현미밥1공기 김2장 우엉50g 당근50g 들기름1큰술 고운천일염½작은술

① 작은 키에 붉은 뿌리의 섬초를 씻어 물기를 빼고 생채로 한 잎씩 떼어 놓고, 당근과 우엉은 채 썰어 간장과 들기름에 살짝 볶고, 김은 4등분 한다.

② 현미밥에 들기름1작은술+고운천일염½작은술로 섞어주고, ¼장으로 자른 김 위에 넣고 펼친 후, 속 재료가 양쪽으로 드러나게 김밥을 말아서, 반으로 썰어 섬초가 위로 향하도록 접시에 담는다.

저염이 아니라 **무염!**

섬초대봉소스샐러드

재료

섬초6뿌리 보라콜라비50g

대봉소스 = 대봉1개+감식초4큰술

① 섬초를 뿌리까지 깨끗이 씻어 큰 잎은 떼어 반 자르고 나머지는 뿌리에서 길게 4등분으로 가르고, 콜라비는 씻어 채 썬다.

② 샐러드 그릇에 잘 익은 대봉을 으깨어 감식초로 고루 섞어 걸쭉하게 대봉소스를 만들어+①, ②를 넣고 살짝 버무려 접시에 낸다.

섬초잡채

재료 - 한 접시

섬초5뿌리 당면100g 양파¼개 당근조금 애느타리버섯100g 청양고추½개 냉동간장 들기름

① 섬초는 뿌리까지 깨끗이 씻어 뿌리에서 길게 4등분 하여 물기를 빼둔다.

② 버섯은 끓는 물에 10초 흔들어 씻어 건져 팬에 넣는다.

③ 팬에 버섯, 찬물에 5시간 불린 당면, 청양고추, 들기름1큰술, 냉동간장2큰술, 물10큰술을 넣고 약불로 7분가량 볶는다.

④ ③+채 썬 양파와 당근을 넣고 3분 볶아 불을 끄고+①의 섬초를 뜨거운 잡채에 덮어 살풋 익힌 후 접시에 담아 통깨를 뿌린다.

섬초생미역무침

겨울땅 겨울바다의 조우!
존재감 자체로 영약(靈藥)입니다.

재료

생미역 초고추장 섬초 양파 통깨

생미역과 섬초, 양파를 씻어 물기를 빼고 식사 직전에
적당히 잘라 통깨와 초고추장을 뿌려낸다.

초고추장12쪽

섬초전

눈밭 속에서 견뎌낸 생명! **당당**하게 서 있을 자격 있어요.

재료 - 10~12개가량

섬초小3뿌리 라온현미유 통밀반죽

통밀반죽 = 통밀2큰술+물8큰술+다진애느타리버섯50g+고운천일염⅛작은술

① 짧은 키의 섬초를 뿌리까지 깨끗이 씻어 물기를 빼고 뿌리에서 길게 4등분 한다.

② 통밀반죽은 위의 비율+잘게 찢어 다진 버섯을 고루 섞는다.

③ 팬을 약불로 달구어 기름을 바르고 반죽을 1작은술씩 동그랗게 놓고, 그 위에 섬초 잎은 붙이고, 붉은 머리 쪽은 열기가 닫지 않게 꼿꼿하게 세워 3분가량 익혀 접시에 옮긴다.

섬초키위귤

너무 쉬운데도 맛있어서 죄의식이 스멀스멀 거릴 정도죠^^*

겨울을 견뎌낸 달콤한 섬초, 칼슘이 풍부한 키위, 새콤달콤한 귤! 소스 없이 있는 그대로 먹어도 생채 맛이 끝내줍니다. 붉은 뿌리가 달콤한 섬초는 생채로 먹을 때 살아있는 수산으로 영양이 됩니다.

재료

섬초小5뿌리 키위2개 귤2번과3개

① 섬초를 잎 사이사이와 뿌리 부분의 흙을 솔로 깨끗이 씻어 큰 잎은 한 잎씩 떼어 나누고 나머지는 뿌리째 길게 4등분 한다.

② 키위와 귤은 껍질을 까서 동그랗게 썰어 섬초와 접시에 담아 생채 그대로 먹는다.

스타벅스 꼭 가야하나요?

섬초프라페

재료 - 약 300㎖

섬초3뿌리 키위1개 사과½개 배½개 볶은땅콩20알 감식초5큰술

① 섬초와 과일을 식초물에 씻어 준비한다.

② 섬초는 생채로, 사과와 배는 껍질째, 땅콩도 속껍질째, 키위는 껍질을 깎고 모두 적당히 썰어 감식초를 넣어 믹서로 충분히 갈아준다.(얼음을 넣고 갈아도 좋다)

③ 후식으로도 좋고, 식사대용, 환자식으로도 좋다. 냉장고 보관하며 2일까지 먹을 수 있다.

시금치두부볶음

재료

시금치100g 두부100g 당근조금 들기름2큰술 냉동간장1큰술 통깨

① 채소를 식초물에 씻어 물기를 빼 시금치는 5㎝, 당근은 반달로 썬다.

② 두부는 끓는 물에 데쳐 간수를 빼고 식혀, 입자가 굵게 손으로 으깨어 팬에 넣고 들기름 1큰술로 5분가량 약불로 볶다가

③ 당근을 넣고 3분 후 시금치와 냉동간장, 들기름 1큰술을 넣고 2분 더 볶아 불을 끄고 접시에 담아 통깨를 듬뿍 뿌린다.

시금치파프리카볶음

파프리카를 만난 시금치는 눈부터 즐겁다

재료

시금치200g 노란파프리카1개 팽이버섯½봉 라온현미유1큰술 냉동간장1큰술 통깨

① 채소들을 식초물에 씻어 물기를 빼고 모두 6㎝가량 길이로 썬다.

② 팬에 기름을 두르고 팽이버섯과 냉동간장으로 약불에서 5분가량 볶다가+시금치와 파프리카를 넣어 중강불로 키워 3분가량 볶아 접시에 담고 통깨를 뿌려준다.

시금치팽이버섯당근

채식 반찬 재료는 대체로 서로 어울린다!

재료

시금치200g 팽이버섯1봉 당근⅙개 들기름1큰술 고운천일염1작은술 통깨듬뿍

① 팽이버섯을 씻어 들기름과 천일염에 볶아 접시에 펼쳐 담고

② 삶은 시금치를 들기름, 고운천일염, 통깨로 무쳐 버섯 위에 올리고

③ 당근을 채 썰어 들기름에 살짝 볶아 시금치 위에 얹는다.

시금치두부무침

재료

시금치 두부 들기름 고운천일염 통깨

① 삶은 시금치를 들기름, 고운천일염 조금, 통깨로 무쳐 접시에 둥글게 펼쳐 담는다.

② 끓는 물에 데쳐 간수를 뺀 두부를 2×2㎝로 깍둑썰기하여 들기름을 바르고 앞뒤로 노릇하게 구워 ① 위에 얹어 통깨를 뿌린다.

노지대파

scallion
grown outdoors

노지대파콩나물국
노지대파버섯뚝배기
노지대파매콤잡채
노지대파전
노지대파얼큰탕
노지대파김말이
노지대파순수무침
노지대파초무침
노지대파두루치기
노지대파구이
노지대파톳전
노지대파현미말이
노지대파차
노지대파팽이쫄깃볶음

노지대파콩나물국

재료 - 1인분

노지대파1뿌리 콩나물한줌 다시마국물250㎖ 국간장1작은술 마늘1알 홍청양고추⅓개

① 대파를 씻어 4등분 하여 세로로 길게 자른다.

② 냄비에 다시마국물과 저민 마늘을 넣고 강불에서 끓으면+홍청양고추와 콩나물을 넣어 뚜껑을 열고 4분가량 끓여+국간장을 넣고 불을 끄고 대파를 섞어 국그릇에 옮긴다.

다시마국물13쪽

노지대파버섯뚝배기

재료 – 1인분

노지대파1뿌리 건표고버섯3개 불린당면30g 들기름1작은술 다시마국물300㎖ 국간장1작은술 은행7알

① 건표고는 불려 잘라 놓고, 당면은 찬물에 3시간 불려 놓는다. 노지대파는 3등분 하여 세로로 길게 반 자른다.

② 불린 표고, 은행, 들기름을 뚝배기에 넣고 약불로 볶다가+다시마국물, 불린 당면을 넣고 7분가량 끓여 국간장으로 간을 맞추고, 불을 끈 후 대파 넣고 살포 익혀 먹는다.

맛은 때로는 보이는 것과 다를 수 있어요~

노지대파매콤잡채

재료

굵은노지대파1뿌리 불린당면100g
애느타리버섯100g 당근조금
홍청양고추2개 들기름1큰술
냉동간장2큰술

① 굵은 노지대파를 씻어 3등분 하여 세로십자로 길게 썬다.

② 팬에 불린당면, 씻어가른 버섯, 어슷썬고추, 냉동간장, 들기름, 물6큰술을 넣어 당면에 간이 배도록 약불로 7분가량 볶다가

③ ②+당근 넣고 2분 볶아 불을 끄고+대파를 넣어 뜨거운 당면과 뒤섞어 대파 향과 맛이 살도록 살포 익혀 살려 접시에 담아 통깨를 뿌려낸다.

②

노지대파전

재료 - 3장

노지대파3뿌리 현미유 통밀반죽(밀가루3큰술+다시마국물12큰술+고운천일염⅛작은술)

① 노지대파를 씻어 3등분 하여 세로십자로 길게 썬다.

② 통밀반죽을 한다. 약불의 팬에 현미유를 바르고 통밀반죽 3큰술로 10㎝가량 가로로 늘인다.

③ ② 위에 대파⅓분량을 펼쳐 얹는다.

④ 펼친 ③ 위에 파가 서로 붙도록 반죽 2큰술을 가로로 길게 바르고 앞뒤로 반죽이 쫄깃하게 익도록 부쳐 접시에 담는다.

대파 연금술 스토리

이 책에서 제가 대파를 양념이 아니라 재료로 선택한 특별한 이유가 있답니다.^^

제게 대파연금술의^^ 성장촉진자는 둘째 오라버니~♥입니다. 저는 중1 때부터 밥을 손수 해먹어야 했어요. 식사를 준비하는 것이 자연스러웠던 저에게 어느 날 오라버니가 대파를 넣은 라면을 먹고싶다고 하기에 끓였죠. 끓인 라면을 보는 순간 오라버니는 먹지도 않았는데 불호령~
"아니 제정신이냐~ 정성이 부족하다~ 내가 할아버지냐 대파가 물컹물컹하고 달달해서 라면 맛 다 버렸네! 안 먹어!"

며칠 뒤 또 주문,
"다 끓였냐? 불 언제 껐어?"
"… 몰라 빨리 껐어."
"빨리 껐는데 대파가 물컹해? 이게 거짓말하고 있어. 대파 넣고 불 빨리 꺼! 대파가 쫄깃해야 음식 잘하는 사람이다. 음식하는 사람은 정성이야 정성! 알았냐? 똑바로 해~"

그 뒤로도 음식이 맛없으면 정성을 채찍으로 나를 달달 볶은^^ 왕 잔소리꾼인 둘째오라버니는 뻑하면 대파라면을 끓이라 했고 그럴 때마다 나는 대파를 쫄깃하게 끓여야 한다는 강박관념에 사로잡혀
'아직 안 익었을 테니 더 익혀야 해~라는 두려움으로 어물어물…'
불호령~
'불을 빨리 끈다는 게 도대체 언제라는 거야~ 미세한 시간을 찾느라 혈안…'
또 불호령을 숱하게 반복한 후~
그만 내 계산을 포기한 그날! 에잇, 안 익어도 난 몰라~ 덜덜 떨면서 불을 끈 과감한 용기의 그때!
"음~ 이 대파향! 그래 음식은 정성이다. 쫄깃하네!"란 인가를 받았어요! 드디어 대파를 불에 익혔을 때 달지 않고도 쫄깃하게 요리하는 경지의 여고생이 된 것이죠. 만세~ㅎㅎ

이제 현미채식요리 연구가인 저는 대파의 매운맛과 향을 내는 유화알린 성분은 열에 약해서 조리 시 폭~ 익히면 대파 특유의 매운맛이 달달해지고, 향도 달아나고, 식감도 물컹해진다는 것을 알게 되었군요.^^
비록 뚝뚝하지만 속정이 깊었던 하늘로 먼저 간 둘째오라버니 덕택에 터득한 대파쫄깃비법을 더 발전시켜 돌려드립니다.
"둘째 오라버니~ 잘 계시는 거죠!
대파는 불 끄고 바로 넣어야 달지 않고 더 쫄깃해요. 제 정성 어때요?ㅋ"
요리에서 가장 섬세한 조리시간을 요하는 대파로 담금질의 기회를 준 오라버니에게 이 지면을 통해 감사드리며 사랑합니다!

음식은 정성이죠.^^ 대파가 물컹하면 실패!ㅎㅎ

노지대파얼큰탕

재료 - 1인분

노지대파1뿌리 무20g 고사리20g 느타리버섯50g 다시마국물250㎖ 국간장1작은술 청양고추¼개 고추기름

① 대파를 씻어 4등분 하여 세로로 반 자른다.

② 무는 나박 썰고, 고추는 어슷 썰고, 고사리는 씻어 듬성듬성 썰고, 버섯도 씻어 송이대로 나눈다.

③ 냄비에 들기름1작은술과 매운고춧가루1작은술로 약불에서 1분 볶아 고추기름을 내고+다시마국물과 ②를 모두 넣어 5분가량 끓여+국간장으로 간을 보고 불을 끈 후, 대파를 섞어 살폿 익혀 먹는다.^^

노지대파김말이

재료

굵은노지대파1뿌리 깻잎8장 팽이버섯½봉 당근조금 김2장 들기름

과정

① 굵은 대파 흰 부분을 12㎝가량 썬다. 길게 반만 칼집을 내 양파 껍질 벗겨 내듯 빼내 4개를 만든다.

② 채소들을 씻어 물기를 빼 준비하고 당근은 채를 썬다.

③ 깻잎 2장을 대파 길이보다 조금 길게 포개 놓은 위에 팽이와 당근을 놓고 깻잎을 촘촘히 말아준다.

④ ③을 ①의 대파 속에 채운 뒤 김 반 장위에 놓고 김밥처럼 말아 싼다.(김 시작과 끝에 물을 묻혀 파에 착 붙이고 김 말기를 하면 단단히 붙는다)

⑤ 약불로 달군 팬에 들기름 바르고 ④를 앞뒤로 굴려주며 1분씩 구워 가위로 3등분 잘라 접시에 예쁘게 담아 간장을 찍어 먹는다.

①-1

①-2

③

④-1

④-2

⑤

이렇게 생긴 대파가 겨울노지대파입니다.
겨울노지대파는 추운 겨울 속에서 자라기에 벌레가 없어 농약을 칠 일이 없다는군요.
건실한 겨울노지대파를 듬뿍 사서 동글동글 썰어서 말려두면 오래 저장할 수 있지요.
저는 이렇게 말려서 저장해두고 농약 안친 건강한 겨울노지대파를 여름에도 계속 먹습니다.

노지대파순수무침

추운 겨울을 이겨낸 노지대파! 자연 그대로의 맛과 향이 영약(靈藥)입니다.

재료

노지대파4뿌리-약150g 냉동간장1큰술 들기름1큰술 통깨

① 대파를 데치는 과정은 옆쪽의 대파초무침과 같고, 위의 양념을 넣어 조물조물 무친다.

대파 썰기

노지대파초무침

재료

노지대파4뿌리 깻잎3장 초고추장2큰술 통깨

① 대파를 씻어 3등분 후 세로로 반 갈라 낱개로 떼어 놓는다.(대파 썰기 옆쪽 참고)

② 물 300㎖를 끓여 불을 끄고 ①의 대파를 넣어 40초 후 체로 건져 식힌다.

③ 물을 쪽 빼고 초고추장+통깨로 무쳐 접시에 담고 채 썬 깻잎을 얹어 함께 먹는다.

노지대파두루치기

대파의 매운맛은 유화알린 성분으로 열에 약해서 살짝 익혀야 맛과 향, 식감이 살아있어요. 대파 맛과 향이 물씬 나고 쫄깃해야 두루치기가 제맛이죠.

재료 – 한 접시

노지대파3뿌리 애느타리버섯200g
깻잎10장 청양고추1개 들기름

양념장 = 국간장1큰술+고춧가루1큰술+물5큰술

① 노지대파를 씻어 4등분 후 세로로 반 갈라 낱개로 떼어 놓는다.

② 팬에 씻은버섯, 들기름, 어슷썬청양고추, 양념장을 넣고 약불로 5분가량 볶다가+대파와 깻잎을 넣어 2분 후 불을 끄고 접시에 담아 통깨를 뿌려낸다.

양념장

노지대파구이

자기 식감의 섬세한 시간 찾기^^

재료

노지대파 새송이버섯

들기름장 = 들기름+고운천일염+후추

팬에 굽기

노지대파의 흰 부분을 길이 12㎝로 썰고 길게 반 잘라 낱개로 떼어 약불로 달군 팬에 들기름 바르고 앞뒤로 눌러주며 1분 30초가량씩 구워 들기름장에 찍어먹는다.

대파를 살짝 익혀야 쫄깃한 노지대파구이가 된다. 오래 익히면 달콤하고 물컹한 대파구이는 되지만, 쫄깃한 대파구이는 포기해야 한다.

노지대파톳전

재료 - 한 큰술 크기 10개가량

톳50g 노지대파大1뿌리 당근조금 감자中3알 라온현미유 천일염

① 톳을 씻어 찬물에 5분 담가 짠맛을 뺀 뒤 물기를 빼 잘게 썬다.

② 노지대파를 4㎝ 길이에 세로로 6등분 자르고 당근도 채를 썬다.

③ 감자를 씻어 껍질째 강판에 갈아 체에 밭쳐 1분 후 감자 건지와 감자 물에 가라앉은 녹말만 섞어+고운천일염½작은술+①의 준비된 톳을 섞어준다.(당뇨식은 녹말을 뺀다)

④ 약불로 달군 팬에 기름을 바르고 ③을 한 큰술 크기로 놓고, 그 위에 채 썰어 놓은 대파와 당근을 얹어 꼭 눌러주며 전을 부친다.

▪ 정보 : 감자를 갈기 시작하면 속력을 내 빨리 전을 부쳐야 감자의 갈변을 막을 수 있어요. 그래서 순서는 미리 모든 재료를 썰어 놓고 마지막에 감자를 갈아요. 감자전을 당뇨환자가 먹는다면 체에 내린 감자 물에 가라앉은 녹말은 섞지 마세요. 혈당을 급격히 올려주거든요.

노지대파현미말이

재료

노지대파1뿌리 당근조금 팽이버섯½봉 라온현미유

현미반죽 = 현미가루5큰술+다시마국물12큰술+고운천일염½작은술

① 노지대파를 씻어 2등분 하여 세로십자로 길게 잘라 낱개로 뗀다.

② 팽이버섯을 씻어 마른 수건으로 닦고, 당근은 채 썬다.

③ 현미반죽을 한다. 현미가루 대신 통밀가루도 좋다.

④ 약불로 달군 팬 전체에 현미유를 바르고 계란말이 부치듯 반죽을 모두 부어 팬 크기로 크게 펼친 후 ①의 대파를 전체에 놓고 팽이버섯과 당근은 가운데 놓아 계란말이 말듯 말아준 뒤 앞뒤로 노릇하게 익힌다.

⑤ ④를 식혀 잘 드는 칼로 2㎝ 두께로 썰어 접시에 담아낸다.

노지대파차

추운 겨울 속에서 생명을 키운 강인한 노지대파는 원재료 자체로 영약(靈藥)입니다.

재료

노지대파뿌리있는흰부분10뿌리 대추20알 생강조금 생수1L

감기, 몸살 회복에 도움되는 노지대파차를 위의 재료를 모두 넣고 약불에서 30분가량 뭉근하게 끓여 따끈하게 마신다. 자기 전에 마시면 효과가 더 좋다.

노지대파팽이쫄깃볶음

1분 볶아 쫄깃한 노지대파와 더 쫄깃한 팽이버섯이 매콤청양과 찰떡궁합입니다~ ^^

재료

노지대파1뿌리 팽이버섯1봉 들기름1큰술 냉동간장1작은술 홍청양고추⅓개

① 노지대파를 씻어 3등분 하여 세로십자로 길게 자른다.

② 팽이버섯을 씻어 꼭 짜 팬에 넣고+들기름, 채 썬 고추, 냉동간장을 넣어 중약불로 5분가량 볶는다.

③ ②에+①의 대파를 넣어 1분 볶아 살풋 익혀 불을 끄고 재빨리 접시에 담아 취향에 따라 후추를 뿌린다.

부 추

leek

부추된장찌개
부추연두부된장국
부추담북장
부추두부볶음
부추초고추장무침
부추겉절이
부추볶음
부추고추장떡
부추잡채
부추동글전
부추전
부추냉동두부조림
부추콩나물볶음
부추샐러드
영양부추볶음
영양부추샐러드
영양부추두부구이

부추된장찌개

부추는 불을 끄고 익힐 때 살짝 익혀야 유화알린 성분의 맛과 향이 살아있어요~

재료 - 2인분

부추반줌 두부50g 양파¼개
애느타리버섯100g 홍청양고추
된장1큰술 다시마국물400㎖

① 채소들을 씻어 부추는 4㎝ 길이로 썰고, 양파와 두부는 깍둑썰기, 버섯은 송이대로 갈라 반 썰고, 고추는 어슷썰기 한다.

② 뚝배기에 다시마국물, 버섯, 두부를 넣고 약불로 5분가량 끓여+된장, 고추를 넣어 2분 후+양파와 부추를 넣고 1분이면 된다. (다시마국물이 없을 때는 버섯가루2큰술을 넣어 끓인다)

다시마국물13쪽

부추연두부된장국

부추 맛과 향을 살려주세욤^^*

재료 - 2인분

부추12줄 연두부250g 다시마국물400㎖ 된장1작은술 홍고추조금

① 부추를 식초물에 씻어 2㎝ 길이로 썬다.

② 냄비에 다시마국물을 넣고 끓으면+된장, 고추, 연두부를 작은 순가락 크기로 떠서 넣고 끓으면+1분가량 후 불을 끄고 부추를 넣고 먹는다.

부추담북장

재료

부추100g 양파100g 팽이버섯1봉
홍청양고추1개 된장1큰술
들기름1큰술 물5큰술

① 채소들을 식초물에 씻는다. 부추와 양파, 팽이버섯은 1.5㎝ 길이로 썰고, 고추는 다진다.

② 뚝배기에 들기름, 팽이버섯, 다진 고추, 된장, 물을 넣고 약불로 4분가량 익히다가+양파를 넣고 3분 후 불을 끄고+부추를 넣고 익혀 부추 맛과 향을 살린다.

③ 따끈한 현미밥에 들기름과 부추담북장을 넣어 비벼 먹는다.

부추두부볶음

재료

부추100g 두부100g 홍청양고추1개 당근조금 냉동간장1큰술 고운천일염⅓작은술 들기름1큰술 통깨

① 채소들을 식초물에 씻어 물기를 빼고 부추를 2㎝ 길이로 썰고, 홍청양고추는 길게 반 갈라 가늘게 채를 썬다.

② 두부는 끓는 물에 데쳐 간수를 빼고 식혀 입자가 굵게 손으로 으깨어, 팬에 들기름1큰술과 고운천일염⅓큰술로 5분가량 약불로 볶다가

③ 부추와 고추를 넣고 계속 볶아 2분 후 불을 끄고 접시에 담아 통깨를 뿌린다. 매운맛은 청양홍고추, 순한맛은 당근을 넣는다.

부추초고추장무침

재료

부추15줄 깻잎15장 양파½개 파프리카½개 초고추장

① 채소들을 식초물에 씻어 물기를 털고 부추는 6㎝ 길이, 양파, 파프리카, 깻잎은 채를 썬다.

② 식사 직전에 ①을 초고추장에 두어 번 뒤적여 접시에 담아 통깨를 뿌린다.

부추겉절이

재료

부추80g 당근조금 통깨

현미양념장 = 현미밥1큰술+진한다시마국물10큰술+고춧가루1큰술+국간장1큰술

① 부추를 씻어 물기를 빼 5㎝ 길이로 썰고, 당근도 채를 썬다.

② 현미밥과 다시마국물을 믹서에 갈아 나머지 양념을 넣어 양념장을 만든다.

③ ②에 부추, 당근, 통깨를 넣어 살살 버무려낸다.

불 끄고 익히는 센스^^

부추볶음

재료

부추100g 애느타리버섯200g
홍청양고추1개 천일염½작은술
들기름1큰술 통깨

① 재료들을 씻어 준비한다.

② 부추는 6㎝ 길이, 고추는 어슷어슷, 버섯은 송이대로 가른다.

③ 팬에 버섯, 고추, 천일염, 들기름을 넣고 약불로 5분가량 볶아 수분이 자작하면 불을 끈다.

④ ③의 뜨거운 버섯에 재빠르게 ②의 부추를 섞어준 뒤 살짝 숨이 죽으면 접시에 담아 통깨를 뿌린다.

부추고추장떡

재료 - 한 큰술 크기 10개가량

부추70g 깻잎15장 기름삼총사

통밀반죽 = 통밀가루5큰술+다시마국물12큰술+된장1작은술+고추장1큰술

① 채소들을 식초물에 씻어 물기를 빼고 부추는 2㎝, 깻잎도 부추와 같은 길이로 썬다.

② 통밀반죽을 하여+①을 넣고 고루 섞는다.

③ 약불로 2분 달군 팬에 기름을 바르고 한 큰술 크기로 장떡을 부친다. 취향에 따라 청양고추를 얹어 부쳐도 좋다.

부추잡채

이제 잡채 하면 손이 많이 가지 않아도 뚝딱!

부추의 향과 매운맛은 파, 마늘, 양파와 같은 알린 성분의 유화알린이죠.
유화알린은 열에 약한 성질로 조리시 파괴되지 않도록 살짝 익히는 것이 중요해요.(기억나시나요? 제 둘째 오라버니의 대파 훈련ㅋ~)
부추의 맛과 향을 살리려면 다른 재료를 익힌 후, 노지대파처럼 불을 끄고 그 열기에 익히는 것이 좋습니다.
재료 자체의 맛과 향을 살리며 조리하는 것은 반찬연금술의 근간입니다.^^*

재료

부추50g 당면100g 노랑파프리카½개 새송이버섯大2개 들기름2큰술 생수100㎖
냉동간장3작은술

과정

① 당면을 5시간 이상 깨끗한물에 담가 불려 준비한다.

② 채소들을 식초물에 씻어 부추는 6㎝ 길이, 파프리카는 채를 썰고, 버섯은 모양대로 5~6등분 나눠 채를 썬다.

③ 팬에 부추와 파프리카는 빼고 모두 넣어 약불에서 7분가량 조리다가+파프리카를 넣어 2분 후 불을 끄고+바로 부추를 넣어 섞어 살짝 숨만 죽여 접시에 담아 통깨를 뿌린다.

①

②-1

②-2

②-3

부추동글전

재료 - 한 큰술 크기 12개가량

부추80g 팽이버섯½봉 통밀가루4큰술 홍청양고추 당근 라온현미유

① 부추와 팽이버섯을 씻어 물을 빼고 1㎝ 길이로 썬다.

② 통밀반죽은 통밀가루+물10큰술+천일염⅓작은술로 반죽하여 ①을 섞는다.

③ 약불로 달군 팬에 기름을 바르고, 한 큰술 크기의 전을 동그랗게 부친다. 고명으로 매운맛은 홍청양고추를, 순한맛은 당근을 얹는다.

부추전

파전 따라하기~ 그러면서도 나만의 스타일 궁구!

재료

부추짧은길이100g 팽이버섯1봉 홍청양고추½개 라온현미유

통밀반죽 = 통밀가루4큰술+생수10큰술+고운천일염⅓작은술

① 부추와 팽이버섯을 씻어 부추는 반 썰고, 팽이버섯은 작은 갈래로 나눈다.

② 통밀반죽을 반죽한다.

③ 약불로 달군 팬에 현미유을 바르고 ②의 반죽 3큰술로 재빨리 가로 7㎝ x 세로 5㎝가량 얇게 펼친다.(노지대파전 만드는법 139쪽 참고)

④ ③에 ①의 부추 ¼분량을 펼쳐 얹고, 사이사이 팽이버섯을 놓고, 재료가 서로 붙도록 반죽 2큰술로 가운데 부분을 가로로 풀 바르듯 바르고, 그 위로 홍고추를 고명으로 얹어 앞뒤로 부쳐 젓가락으로 길게 갈라먹는다.

부추냉동두부조림

재료

부추10줄 냉동두부1모 새송이버섯大1송이 홍고추½개 들기름2큰술 생수50㎖ 냉동간장1큰술

① 두부를 얼린 후 해동하여 수분을 꼭 짜고 5㎝ 길이, 5㎜ 두께로 썬다.

② 채소들을 식초물에 씻어 부추는 6㎝, 고추도 부추 길이대로 썰고, 버섯은 모양대로 5~6등분 나눠 길게 채를 썬다.

③ 팬에 부추와 고추는 두고, 모두 넣어 약불에서 조리다가 간을 추가한다면 고운천일염을 한 꼬집 넣고+고추 넣어 2분 후 불을 끄고 바로 부추를 넣어 뒤적여 접시에 담아낸다.

열기로 익히는 부추콩나물볶음

재료

부추15줄 콩나물150g 팽이버섯½봉 홍청양고추1개 들기름1큰술 냉동간장1큰술

① 채소들을 식초물에 씻어 물기를 빼고, 부추는 6㎝ 길이로, 고추는 가늘게 어슷썰기, 버섯은 두세 가닥씩 갈라놓는다.

② 팬을 강불에서 1분 달군 후 콩나물을 넣고 1분 후+들기름, 버섯, 고추, 냉동간장을 넣어 4분가량 볶아 불을 끄고, 바로 부추를 섞어 살폿 익혀 접시에 낸다.

부추샐러드

재료

부추 양파 노랑파프리카 배 방울토마토 초고추장소스

① 채소들을 식초물에 씻어 부추는 5㎝ 길이로 썰고, 방울토마토는 반 썰고, 나머지는 부추의 길이와 같게 썰어 생채로 접시에 담아 초고추장을 찍어 먹는다.(고추냉이초간장소스도 맛있다)

복아도 아삭한

영양부추볶음

재료

영양부추100g 팽이버섯1봉 보라양파¼개 냉동간장1큰술 들기름1큰술

영양부추

① 채소들을 씻어 물기를 뺀다.

② 팬에 팽이버섯, 들기름, 냉동간장을 넣고 약불로 5분가량 볶은 후+영양부추 4등분, 양파는 가늘게 썰어 넣고 2분가량 더 볶아 접시에 담아낸다.

영양부추샐러드

재료

영양부추 보라양파 노랑파프리카 배소스(또는 고추냉이소스)

① 채소들을 식초물에 씻어 4㎝ 길이에 부추 두께처럼 가늘게 채를 썰고, 부추도 같은 길이로 썬다.

② 배소스는 배를 껍질째 식초물에 씻어 강판에 갈고+감식초+국간장으로 맛을 낸다.

영양부추두부구이

재료

영양부추150g 두부1모 팽이버섯1봉 홍고추1개 들기름 천일염

① 두부를 3×3㎝ 크기로 썰어 들기름에 노릇하게 구워 접시에 돌려 담는다.

② 부추는 씻어 3등분 하여 들기름과 냉동간장1작은술로 2분가량 볶아 두부 안쪽에 담는다.

③ 팽이버섯은 밑동을 잘라 씻어 물기를 짜고+고추도 반 갈라 가늘게 채 썰어 들기름과 천일염⅓작은술로 5분가량 볶아 부추 위에 올려 섞어 먹는다.

가 지

eggplant

가지구이1
가지구이2
가지쫄깃잡채
가지하마입
가지생절이땅콩소스
가지버섯꼬지
가지스테이크
가지버섯말이
가지찜
가지핫볶음
가지채쫄깃볶음
가지말린볶음
가지두루치기
가지볶음
가지꽃볶음
가지호박전
가지버섯고추장볶음
가지말이
가지쌈
가지소박이

가지구이1

재료

가지1개 들기름 간장소스

간장소스 = 냉동간장1작은술+통깨1큰술+쪽파

① 가지는 1㎝ 두께로 동글 썰어 들기름에 앞뒤로 살짝 구워 접시에 가지런히 놓는다.

② 쪽파간장소스를 만들어 가지에 끼얹어 먹는다.

가지구이2

재료

가지1개 청홍피망¼개씩 애느타리버섯50g 양파¼개 냉동간장1큰술 들기름 찰현미가루1큰술

① 채소들을 식초물에 씻는다. 가지는 1㎝ 두께로 동글 썰어 들기름에 살짝 구워 접시에 가지런히 놓는다.

② 버섯을 찢어 다지고, 양파와 피망도 같은 크기로 다진다.

③ 팬에 다진 버섯, 간장, 들기름을 넣어 약불로 5분가량 볶아준 뒤+물50㎖에 찰현미가루를 풀어 넣고 걸쭉하게 끓으면+다진 파프리카와 양파를 넣고 2분가량 후 ①의 가지에 예쁘게 얹어 먹는다.(찰현미풀은 생략해도 된다)

쫄깃한
가지요리
출발 ~

가지쫄깃잡채

원재료 특성을 살리는 조리법! 반찬연금술의 근간입니다.

재료

못난이가지2개 부추6줄 새송이버섯大2개 홍청양고추1개 냉동간장1큰술 들기름2큰술

① 채소들을 식초물에 씻어 준비한다.

② 가지를 3~4등분 나눠 도톰하게 껍질을 분리하여 5㎜ 두께로 채 썰고, 부추, 버섯, 고추도 가지 길이로 가늘게 채 썬다.

③ 팬에 버섯, 홍청양고추, 간장, 들기름을 넣어 중약불로 4분가량 볶다가+가지를 넣고 3분 볶아 불을 끄고+바로 부추를 섞어 살폿 익혀 접시에 담아 창가에 식히면 가지가 더 쫄깃해진다.

가지하마입

아이들도 가지랑 친해지게 네이밍 센스

재료

가지1개 느타리버섯150g 홍피망½개 쪽파2뿌리 국간장1큰술 들기름

① 식초물에 씻은 가지는 2.5㎝ 두께로 동글동글 썰어 가운데가 벌어지도록 ⅔지점까지 칼집을 내서 강불의 팬에 들기름으로 앞뒤로 구워준다.(3분이 넘지 않게 재빠르게 굽는다)

② 씻은 버섯을 잘게 찢어 5등분가량 썰고, 다진 홍피망, 쪽파, 들기름, 국간장을 넣어 약불로 5분가량 볶는다.

③ ①의 가지 가운데 입을 벌려 ②의 소를 넣으면 가지하마입 완성!^^

가지생절이땅콩소스

재료

못난이가지2개 고운천일염1작은술
땅콩30알

① 가지를 식초물에 씻어 5㎜ 두께로 동글동글 썰어 천일염1작은술에 30분 잰다.

② 땅콩소스는 땅콩 30알을 속껍질째 믹서로 곱게 갈아 물 50㎖와 천일염¼작은술을 넣어 약불에서 10분가량 끓인다.

③ ①을 꼭 짜 땅콩소스로 무친다.

②

가지버섯꼬지

꼬지의 다양함은 반찬의 미학^^*

재료

못난이가지 새송이버섯 들기름
고운천일염 후추

① 가지와 새송이버섯을 굵기가 같은 것으로 산다. 가지는 식초물에, 버섯은 흐르는 물에 씻어 물기를 빼고 2㎝ 두께로 동글동글 썬다.(가지가 버섯보다 통통하면 동글 썰어 다시 반 썬다. 새송이버섯은 기둥만 쓴다)

② 약불의 팬에 동글 썬 가지와 버섯을 앞뒤로 2분가량씩 구워 꼬지에 끼워 접시에 내고 들기름천일염장에 찍어 먹는다.

②

가지스테이크

비싸야만 럭셔리다?
수수한 재료에 화려한 손님접대, 비범한 맛!

재료

가지1개 애느타리버섯200g 청홍청양고추각½개씩 양파中1개 천일염 들기름

과정

① 단단하고 통통한 가지를 산다. 식초물에 씻어 길게 반을 썬다. 등쪽은 접시에서 미끄러지지 않도록 수평으로 조금만 자르고, 안쪽은 2줄 칼집을 내서 파주고 천일염을 한꼬집 발라 중약불의 팬에 앞뒤로 3분가량씩 들기름으로 굽는다.

② 버섯을 씻어 잘게 찢어 다지고, 식초물에 씻은 청양고추, 양파도 다져, 들기름1큰술, 천일염½작은술을 넣어 약불에서 7분가량 볶는다.(순한맛은 풋고추를 넣는다)

③ ②를 ①의 구운 가지 위에 소복이 얹어 접시에 담아 스테이크칼로 잘라 먹는다.(가지구이를 통째 손으로 들고 먹어도 좋다)

①-1

①-2

①-3

①-4

부드럽게 찐 가지나물이 있지만, **쫄깃한 가지 반찬은 어떠세요?**

가지의 쫄깃함과 물컹함의 차이는 조리시간의 미세한 경계랍니다. 가지는 찌든 볶든 조리시간이 길면 물컹해지지요~

저만의 쫄깃한 가지요리법은 가지를 볶을 때 썰어 넣은 뻣뻣한 가지가 숨이 죽어 유순해진 그 순간에서 20초 지난 후 바로 불을 끄고 찬 접시에 즉시 담는 것이랍니다. 20초가 지나 안 익은 듯 보여도 가지는 반만 익어도 먹을 수 있다는 생각으로 과감하게 불을 끄고 접시에 담으면 쫄깃한 가지가 되더군요.

그런데 쫄깃하게 볶는 조리시간 정보가 있다 하더라도 각자마다 조리도구, 불의 세기, 가지 써는 굵기 등 조리환경이 다 다르니 위 정보를 참고해서 직접 시도해보는 과정을 통해 **자신만의 조리시간의 감**을 찾아내시기 바랍니다.

자신의 입맛에 맞는 쫄깃한 가지 반찬이 식탁에 오르기 시작하면 단체로 식구들이 쫄깃가지 마니아가 되실지도 몰라요~ 저희 공동체는 그렇거든요.^^*

가지버섯말이

재료

가지1개 팽이버섯⅓봉 애느타리버섯30g 청홍고추1개 깻잎2장 말이묶음용부추8줄
들기름 고운천일염

과정

① 채소들을 식초물에 씻어 가지는 말이가 되도록 5㎜ 두께를 유지하며 크게 긴 타원형으로 어슷 썬다. 고추는 길이 7㎝가량에 5㎜ 두께로 썰고, 깻잎도 채 썬다.

② 약불로 2분 달군 팬에 들기름과 천일염½작은술을 섞어 소금기름을 만들고, 가지를 넣어 뒤적인 후 앞뒤 2분가량씩(자신에게 맞는 식감의 시간) 구워 접시에 담는다.

③ 팽이버섯은 물에 씻어 기둥 쪽을 잡고 짠 후 생채로 쓴다. 애느타리버섯은 팬에 들기름, 천일염 한꼬집을 넣어 볶는다. 달궈진 팬에 부추를 살짝 익혀 가지말이 묶음 용으로 준비한다.

④ 구운 가지를 가로로 놓고 버섯, 고추, 깻잎을 세로로 놓아 가지로 감싸 부추로 묶는다.

②-1

②-2

③-1

③-2

못난이가지

가지를 크고 쭉 뻗어 보기에 좋게 키우려면 화학비료와 농약을 자주 뿌려야 한다는군요. 겉보기에 좋아 보이는 것은 진실이 아닐 때가 더 많지요.

삐뚤빼뚤 작은 못난이가지가 좋아 보이지 않는다구요?

못난이는 작고 못생겨도 스스로 자연의 도움을 받아 컸기에 야물딱지고 속이 건실합니다. 주로 장날이나 재래시장, 유기농매장에서 살 수 있어요.

제대로 영양을 담은 재료에 대한 안목은 반찬연금술의 근간입니다.

가지찜

평범한 재료가 명품일 수 있다!

재료

가지1개 애느타리버섯200g 피망½개 빨강파프리카½개 양파½개 감자1알
들기름1큰술 고운천일염1작은술

과정

① 찜소는 버섯, 피망, 파프리카, 양파를 사방 5㎜ 크기로 다져 들기름과 고운천일염으로 볶아 식힌다.(매콤한 맛은 볶을 때 청양고추를 추가한다)

② 껍질째 갈은 감자를 채에 받혀 국물을 짠 후 건더기만+①과 고루 섞는다.

③ 굵기가 통통한 가지를 사서 식초물에 씻어 길게 반 썰어 사진처럼 속을 파내고 안쪽에 통밀가루를 발라 ②의 찜소를 채워넣는다.

④ 찜기에 중불로 10분가량 쪄 한소끔 식혀서 썰어 접시에 낸다.

②-1

②-2

②-3

③-1

③-2

③-3

가지핫볶음

재료

가지2개 홍청양고추2개
양파½개 팽이버섯1봉 피망1개
매운고추장1큰술 연근가루
냉동간장1작은술 들기름1큰술
마늘5알

① 채소들을 식초물에 씻어 물기를 뺀다.

② 가지는 1.5㎝ 두께로 동글 썰어서 1㎝ 깊이 작은 모눈 칼집을 낸다.

③ 남은 채소는 1×1㎝ 크기로 썬다.

④ 약불로 달군 팬에 들기름을 두르고 가지를 앞뒤로 3분가량 구워+③의 채소, 고추장, 냉동간장을 넣어 2분가량 볶다가 연근가루풀을(연근가루1큰술+물100㎖) 넣어 보글보글 끓어 걸쭉해지면 접시에 담아 낸다.(연근가루 대신 찰현미가루도 좋다)

다르게 썰기 시도

가지채쫄깃볶음

재료

못난이가지2개 들기름2큰술 천일염⅓작은술

① 못난이가지를 씻어 크기대로 5등분하여 5㎜ 넓이로 길게 채를 썬다.

② 팬에 채 썬 가지, 들기름, 천일염을 넣고 강불로 볶다가 4~5분 사이에 과감하게 불을 끄고 접시에 재빠르게 담는다.(창가에서 식히면 더 쫄깃해진다)

가지말린볶음

재료

건가지 애느타리버섯 청양고추 들기름 국간장

① 건가지를 깨끗한물에 씻어 물기를 꼭 짠다.

② 버섯도 씻어 기둥 쪽을 중심으로 물기를 짜고, 청양고추는 식초물에 씻어 어슷 썬다.

③ 약불의 팬에 ①+②+들기름+국간장+물을 반 컵 넣고 국물이 졸아들도록 볶아준다.

정보 : 집에서 말린 가지를 물에 불리지 않는 이유
1. 조리면서 국물에 의해 불려지면 가지가 더 쫄깃하고 맛있다.
2. 영양이 물에 녹아 빠지는 것을 방지한다.

가지두루치기

재료

못난이가지2개 새송이버섯2개 양파¼개 청양고추1개 고추장2큰술 들기름1큰술

① 못난이가지와 새송이버섯을 크기대로 5등분하여 채를 썬다.(긴 가지는 반 나눠 채를 썬다)

② 팬에 채 썬 새송이버섯, 청양고추, 들기름, 고추장을 넣고 약불에서 7분가량 볶는다.

③ ②+가지채, 양파를 넣고 중불로 키워 볶다가 5분가량 후 가지가 숨이 죽으면 재빨리 불을 끄고, 부족한 간은 냉동간장으로 맞추고 접시에 담으면 쫄깃한 가지두루치기가 완성된다.

▪ 정보 : 싱싱한 못난이가지의 식감이 더 쫄깃하다.

가지볶음

재료

가지1개 양파½개 고추1개 냉동간장1큰술 고춧가루½작은술 들기름1큰술

① 가지를 식초물로 씻어 5㎝ 길이로 나눠 6등분가량으로 썬다.

② 팬에 가지, 어슷 썬 고추, 양파, 양념으로 미리 섞어 준 후 쫄깃한 가지볶음은 중불로 5분가량(자신만의 시간) 볶는다.

냉동간장12쪽

가지꽃볶음

재료

가지1개 새송이버섯2개 당근⅕개 냉동간장1큰술 들기름1큰술

① 채소들을 식초물에 씻어 준비한다.

② 가지와 버섯은 7㎜, 당근 3㎜ 두께로 동글동글 썰어 꽃 모양이 되도록 사방 5㎜ 길이로 칼집을 내서 햇살에 하루 말린다.

③ 팬에 ②를 넣고 들기름과 냉동간장으로 살짝 버무려 3분~ 간이 배도록 잰다. 이제 중약불로 켜서 물5큰술과 들기름1큰술을 더 넣어 5분가량 볶는다.

②

가지호박전

재료

가지1개 애호박1개 들기름 통밀반죽

통밀반죽 = 통밀가루4큰술+고운천일염1작은술+물120㎖

① 가지와 호박을 식초물에 씻어 1㎝ 두께로 동글동글 썬다.

② 통밀반죽을 분량대로 반죽한다.

③ ①에 통밀가루를 묻혀 3분가량 후 통밀 반죽을 입혀 팬에 현미유를 바르고 약불로 노릇하게 굽는다.(현미가루도 좋다)

앉은뱅이토종 통밀가루
진주 금곡정미소

가지버섯고추장볶음

재료

가지1개 애느타리버섯200g 고추장2큰술 들기름2큰술 쪽파1뿌리

① 채소들을 씻어 준비한다.

② 가지는 1㎝ 두께로 동글 썰고, 버섯은 송이대로 가른다.

③ 팬에 버섯, 들기름, 고추장을 넣어 중약불로 3분가량 볶다가, 가지를 넣어 3분가량(자신만의 시간) 더 볶으면 쫄깃한 가지 볶음이 된다.(양파와 깻잎, 청양고추를 추가해도 맛있다)

가지말이

도르르 말기만 해도 화려한 변신!

재료

긴가지2개 팽이버섯½봉 당근조금 청피망1개 들기름 고운천일염

과정

① 채소들을 식초물에 씻어 물기를 뺀다.

② 가지를 5㎜ 두께에 크기대로 썰어 들기름에 앞뒤토 살짝 숨만 죽이듯 구워야 쫄깃해서 씹는 맛이 있다. 자신만의 식감 조리 시간을 찾는다.(가지 하나에 6등분가량 나눈다. 자른 가지가 두툼하면 말기 어렵고 먹기도 부담스럽다)

③ 당근과 청피망을 채 썰어 천일염 한꼬집과 들기름으로 각각 살짝 2분가량 볶아 놓는다. 팽이버섯은 흐르는 물에 씻어 물기를 마른 수건으로 닦는다.

④ ②의 구운 가지 위에 ③의 채소들을 얹어 돌돌 말아주면 된다.

①

②-1

②-2

④-1

④-2

가지쌈

재료

가지 팽이버섯 부추 홍파프리카 두부100g 냉동간장 들기름

과정

① 식초물에 씻은 가지를 5mm 두께로 길게 어슷썰기 한다. 약불로 1분 달군 팬에 들기름과 천일염½작은술로 섞어 기름소금을 만들어 가지를 앞뒤 2분가량씩 구워 접시에 담는다.

② 식초물에 씻은 부추와 파프리카는 6mm 길이로 채 썰어 생채로 쓴다.

③ 두부는 5mm 두께로 팬에 노릇하게 구워 식혀 얇게 채 썬다.

④ 팽이버섯은 씻어 밑동을 붙인 채로 16등분가량 나누어 팬에 들기름과 천일염⅓작은술을 넣어 살짝 볶는다.

⑤ ①의 가지 접시에 부추, 버섯, 두부, 파프리카를 가지런히 놓고, 개인 접시에 사진처럼 구운 가지를 가로로 놓고 채소를 세로로 조금씩 얹어 가지쌈을 먹는다.

①-1

①-2

②

③

④

가지소박이

흔한 재료 예쁜 반찬, 맛까지 튄다!

재료

가지2개 두부100g 애느타리버섯100g 홍고추1개 깻잎8장 국간장1작은술
들기름1큰술

과정

① 채소들을 식초물에 씻어, 가지는 3㎝ 길이로 동글동글 썰어 소박이처럼 십자로 2㎝ 깊이가 넘지 않도록 칼집을 넣어 팬에 들기름을 두르고 약불에서 앞뒤로 4분가량 굽는다.

② 가지소는 버섯을 잘게 찢어 1㎝로 썰고, 다진 고추, 들기름, 국간장을 넣어 약불에서 4분가량 볶아 식혀+으깬 두부와 다진 깻잎, 들기름, 고운 천일염1꼬집을 넣고 섞는다.

③ 구운 가지 십자에 ②의 소를 박아 넣으면 예쁜 가지소박이가 된다.

①-1

①-2

①-3

②

오 이

cucumber

오이볶음

재료

오이1개 들기름 고운천일염½작은술 홍청양고추⅕개

① 오이를 식초물에 씻어 껍질째 3㎜ 굵기로 동글 썰어 천일염에 1시간 잰 후 꼭 짠다.

② 중불의 팬에 ①+들기름1큰술+다진고추를 넣어 3분가량 볶아 재빠르게 차가운 접시에 담아 식힌 후 먹는다.(들기름 대신 땅콩가루로 볶아도 좋다)

오이땅콩무침

재료

오이1개 땅콩15알 천일염½작은술

① 오이를 식초물에 씻어 껍질째 3㎜ 굵기로 동글 썰어 천일염에 30분 잰 후 꼭 짠다.

② 국산 구운 땅콩을 반은 곱게, 반은 입자가 굵게 절구에 찧어 ①의 오이에 모두 넣어 조물조물 무친다.

오이냉국

재료

오이1개 배中1개 현미식초2큰술 홍고추조금 냉동간장1큰술 생수250㎖

① 오이와 배를 껍질째 식초 원액을 수세미에 묻혀 뽀득뽀득 씻어 냉장고에 넣는다.

② 시원해진 오이와 배를 가늘게 채를 썬다.

③ 냉국 그릇에 생수+냉동간장+현미식초+배+오이+고추를 넣어 냉장보관 30분 후 배의 단맛이 우러나왔으니 섞어주고 통깨를 넣고 먹는다.(만든 즉시 먹으려면 시원한 생수에 배의 반은 갈아서 국물에 섞고 반은 채를 썰어 섞는다)

냉동간장12쪽

오이들깨탕

재료 - 4인분

오이2개 셀러리1대 팽이버섯1봉 들깻가루2큰술 다시마국물700㎖ 천일염½작은술

① 채소들을 식초물에 씻어 오이와 셀러리는 어슷썰기 하여 아침에 널어 하루 햇살에 말린다.

② 냄비에 준비한 다시마국물을 넣고 끓으면+말린 오이와 샐러리, 팽이버섯, 들깻가루를 넣어 3분가량 끓여 천일염으로 간을 맞추고 불을 끈다.(오이 식감이 무른 게 좋다면 오래 끓인다)

다시마국물13쪽

오이햇살건포도무침

설탕 및 정제당들은 몸을 썩게 하니 반찬연금술 실패!
자연 단맛은 몸을 살리니 영약으로 반찬연금술 성공!!

재료

못난이오이2개 건포도20알 초고추장2큰술

① 식초물에 씻은 못난이오이를 껍질째 7㎜ 두께로 동글동글 썰어, 여름 기준 햇살과 바람에 하루 말린다. 건조기로 말린다면 65도에서 2시간이 적절하다.

② 햇살 받아 꾸들꾸들 쫄깃해진 못난이오이에 초고추장과 건포도를 넣어 무치면 현미밥 도둑이 된다.

오이햇살볶음

햇살이 말려준 오이 쫄깃하네요~

재료

못난이오이2개 들기름1큰술 냉동간장1작은술 빨강파프리카조금

① 못난이오이를 껍질째 씻어 7㎜ 두께로 어슷 썰어 여름 기준 햇살과 바람에 하루 말린다. 건조기로 말린다면 65도에서 2시간이 적절하다.

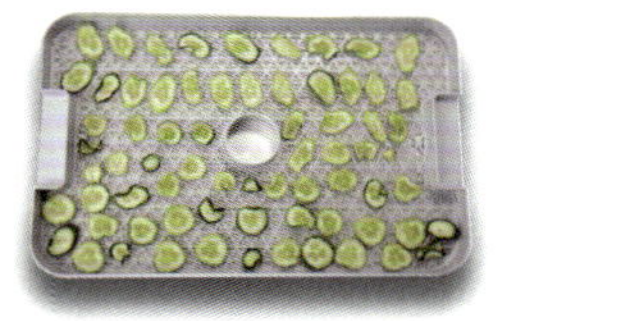

② 햇살에 꾸들꾸들 마른 오이, 들기름, 냉동간장, 고명으로 작게 썬 파프리카를 넣고 중약불로 3~4분가량 볶아 바로 접시에 담아낸다.

오이햇살땅콩소스무침

수수한 재료! 놀라운 맛! 반찬연금술의 작품이죠.^^

오이는 작고 못난이가 건실합니다. 화학비료로 키워지지 않아 삐뚤빼뚤 상품성 없는 못난이는 시간과 돈을 들여 농약도 치지 않았다는 증거니까요.

건강한 재료 선택! 반찬연금술의 근간입니다.

못난이 채소들은 주로 장날이나 재래시장, 유기농매장에서 살 수 있어요. 대형마트에서는 찾아보기 어렵죠.

재료

못난이오이3개 땅콩소스5큰술

과정

① 식초물에 씻은 오이를 껍질째 7㎜ 두께로 동글 썰어, 여름 기준 햇살과 바람에 하루 말린다. 건조기로 말린다면 65도에서 2시간이 적절하다.

② 땅콩소스=속껍질째 땅콩 30알을 믹서로 곱게 갈아+물30㎖+천일염¼작은술을 넣어 약불에서 10분가량 끓여 식힌다.

③ 햇살 받아 꾸들꾸들 쫄깃해진 오이에 땅콩소스로 조물조물 무친다.

①-1

①-2

②-1

②-2

오이소박이물김치

재료

못난이오이7개 무100g 홍파프리카¼개 양파¼개 배犬1개 마늘2알 천일염

고춧물 = 생수1L+고춧가루1작은술

과정

① 못난이오이를 씻어, 소박이 용도로 4등분가량 하여 십자로 칼집을 내서 천일염1큰술에 1시간 절인다.

② 오이소는 무와 배½, 양파, 파프리카는 4㎝ 길이로 가늘게 채 썰고 천일염1작은술에 30분 절인다.

③ ①의 오이에 ②의 소를 박아 넣고 ①의 절임물+②의 절임물을 모두 저장용기에 넣는다.

④ 고춧물은 생수+국물보자기에 고춧가루를 넣고 20분 담근 후 보자기를 손으로 두세 번 붉은 고춧물을 곱게 우려내며 꼭 짜낸다.

⑤ ④의 고운 고춧물에+갈은배½개, 저민마늘, 고운천일염1작은술을 넣고 섞어 ③에 붇는다. 여름에는 실온 8시간 후 냉장고로 옮겨 하루 후 먹는다.(무더운 여름 시원한 오이소박이 물김치에 통밀국수를 말아 먹으면 별미다)

②

③

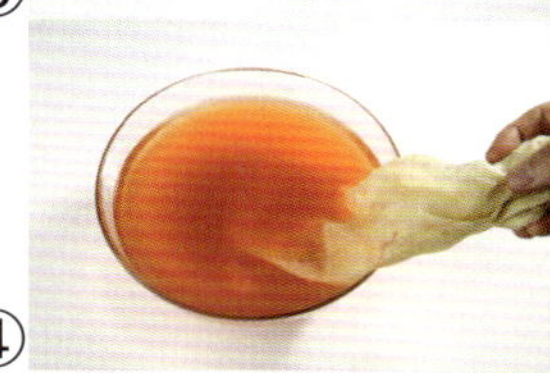
④

⑤

오이전4가지

곱게 간 오이로 마사지만 하나요?
부드러운 오이의 새로운 발견~ 전을 부쳐보세요.

재료 - 한 큰술 크기 12개가량

못난이오이2개 감자中½개 애느타리버섯조금 실파2줄 통밀가루4큰술 당근고추고명 고운천일염 라온현미유

과정

① 반죽 : 오이를 강판에 갈아+통밀+고운천일염½작은술을 넣어 반죽을 하여 4등분 한다.

② 오이전 : 약불의 팬에 기름을 바르고 ①의 ¼반죽을 1작은술 크기로 당근 고명을 얹어 부친다.

③ 오이감자전 : ①의 ¼반죽+감자를 사방 3㎜로 깍둑썰기+천일염1꼬집을 넣어 섞어 부친다.

④ 오이버섯전 : ①의 ¼반죽+애느타리버섯을 잘게 찢어 3㎜ 길이로 썰고, 천일염1꼬집, 고추 고명을 얹어 부친다.(매운맛은 청양고추)

⑤ 오이실파전 : ①의 ¼반죽+실파를 5㎜ 길이로 썰어 천일염1꼬집과 섞어 부친다.

①-1

①-2

③

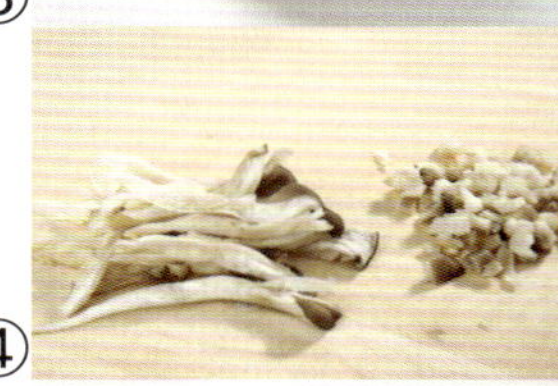

④

⑤

오이못난이피클

재료

못난이오이

과일허브소스 = 현미식초+갈은사과+피클링스파이스+레몬글라스+천일염조금

과정

① 못난이 오이를 식초물에 씻는다.

② 보관용기를 양조식초 원액으로 씻어 준비한다.

③ 소스를 만들어 3분가량 끓여 오이에 바로 부어 식힌다.

④ 식은 ③을 고루 섞어 저장용기에 옮겨 여름기준 실온에서 이틀 뒤 냉장 저장하며 3일 후부터 먹는다.(빨리 먹으려면 감식초, 넉넉히 저장해 두려면 현미식초가 좋다)

①

③-1

③-2

③-3

④

오이랑두부랑

재료

오이1개 두부150g 땅콩15알 검은깨 들기름1큰술 고운천일염

① 오이를 동글 썰어 천일염½작은술에 30분 절여 꼭 짠다.

② 두부를 끓는 물에 데쳐 간수를 빼고 손으로 으깨 들기름, 고운천일염⅕작은술, 통깨로 무친다.

③ ①오이+②무침두부+땅콩을 넣고 조물조물 무쳐 접시에 담아 통깨를 뿌린다.(땅콩이 빠져도 맛있다)

오이콩가루무침

재료

오이1개 콩가루2큰술 초고추장3큰술 건포도7알

① 오이를 식초물에 씻어 3㎜ 두께로 어슷 썬다.

② 초고추장, 콩가루, 작게 다진 건포도를 고루 섞은 후 먹기 직전 오이에 살짝 버무려낸다.(건포도를 다지지 않고 그냥 넣으면 건포도 맛이 강해 콩가루 맛이 안 난다)

초고추장12쪽

오이부추무침

재료

오이1개 부추30g 양파중¼개 들기름1작은술 통깨

매콤양념장 = 고춧가루1큰술+다진마늘½작은술+다진청양고추½개+다시마국물5큰술+냉동간장1큰술

① 채소들을 식초물에 씻어 물기를 뺀 후, 오이와 양파를 3㎜ 두께로 어슷 썰고, 부추는 4㎝ 길이로 썬다.

② 분량의 재료로 매콤양념장을 만든다.

③ 식사 직전에 썰어 놓은 ①의 채소를 무침 그릇에 담아 먼저 들기름을 넣어 채소에 살살 버무려 코팅한 후, 매콤양념장으로 무쳐 통깨를 뿌린다.(채소에 먼저 기름을 살짝 버무려 기름막을 입히면 채소의 숨이 빨리 죽는 것을 막아준다)

오이쑥갓김무침

재료

오이1개 쑥갓5줄 양파½개 김3장 냉동간장1큰술 고춧가루1작은술 들기름1큰술 통깨

① 채소들을 식초물에 씻어 물기를 빼고 오이 3mm 두께로 어슷썰기, 쑥갓 5cm 길이, 양파 반 썰어 5mm 두께로 썬다.

② 식사 직전에 ①의 채소에 들기름으로 설렁설렁 뒤적여 미리 기름옷을 입히고+냉동간장, 고춧가루, 통깨로 살살 무쳐 김가루를 뿌려 두어 번 뒤적여 접시에 낸다.

오이초절임

몸을 썩게 돕는 정제당의 반찬은 독약입니다.
자연 있는 그대로의 단맛이 영약(靈藥)입니다.

재료

못난이오이10개 파프리카1개 양파1개

과일소스 = 갈은사과1개+갈은배1개+감식초100㎖+생수100㎖+고운천일염1작은술

① 채소들을 식초물에 씻어 준비한다.

② 오이를 5㎜ 굵기로 동글동글 썰고, 나머지도 오이보다 조금 작게 썬다.

③ 과일소스를 만든다. 저장 용기를 식초 원액으로 씻어 준비한다.

④ ②+과일소스를 고루 섞어준 후, 절임병에 넣고 실온에서 8시간 뒤 냉장고로 옮겨 이틀 후부터 먹는다.

오이땅콩소스샐러드

재료

못난이오이2개 방울토마토10개 양파½개 노랑파프리카½개 건포도30알 땅콩50알 고운천일염½작은술 사과1개 감식초

① 재료들을 식초물에 씻어 오이는 5㎜ 두께로 동글동글 썰고, 방울토마토는 반 썰고, 나머지도 오이와 같은 크기로 썬다.

② 땅콩과일소스만들기=속껍질째 땅콩 50알을 믹서로 곱게 갈아 물 50㎖와 천일염 ½작은술을 넣어 약불에서 10분가량 끓여 식힌 후+감식초10큰술+갈은사과1개를 고루 섞는다.

③ 준비한 채소 모두와 땅콩과일소스, 건포도를 모두 섞어 샐러드를 만든다.

노 각

yellowish overripe cucumber

노각미역초무침
노각매콤무침
노각깻잎무침
노각새송이버섯무침
노각순수무침
노각국물무침
노각팽이버섯회
노각물국수
노각비빔국수
노각즙
노각과일주스
노각냉국
노각프라페
노각물회
노각버섯회
노각회무침
노각껍질말린볶음
노각껍질가루전
노각껍질두루치기
노각껍질햇살가루

노각미역초무침

재료

노각 건미역조금 초고추장 다진마늘 통깨

① 노각 껍질을 벗기고 반 잘라 속을 파내 두께를 반으로 나눠 국수처럼 길게 썰어 천일염½작은술에 30분 절여 꼭 짠다.(노각 썰기 모양은 자유롭게 선택한다. 노각껍질은 말린다)

② 건미역을 찬물에 5분가량 불려 모래가 빠지도록 잘 헹궈 짜 적당한 크기를 썬다.

③ 노각, 미역, 다진 마늘, 초고추장, 통깨를 듬뿍 넣어 조물조물 무친다.

보이는 것과 다를 수 있음이 인식되시나요?

노각매콤무침

재료

노각½개 청홍청양고추½개씩 천일염½작은술 들기름1큰술

① 노각을 껍질째 식초물로 깨끗이 씻어 반 잘라 속을 긁어내고 6㎝ 길이로 자른 후 사진처럼 세워 껍질째 2㎜ 두께로 얇게 잘라 천일염에 절인다.

② 절인 노각을 꼭 짜 들기름, 작게 다진 청양고추를 넣고 매운맛이 배도록 무친다.

노각깻잎무침

쫄깃한 노각과 향 깊은 깻잎의 조화는 새로운 맛을 드러내지요. 반찬 연금술입니다.

재료

노각½개　깻잎3장　양파½개　들기름1큰술　다진마늘1작은술　고춧가루1작은술　통깨

① 노각은 껍질을 벗겨 반 잘라 속을 긁어내 얇게 썰고 양파도 썰어 천일염1작은술에 30분가량 잰 후 꼭 짠다.(노각 짠 물은 영양성분이 녹아있으니 국물, 찌개, 조림에 활용한다. 노각껍질은 말린다)

② ①+양념을 모두 넣고 무쳐 접시에 담는다.(취향에 따라 식초를 넣는다)

③ 깻잎을 식초물에 씻어 돌돌 말아 가늘게 썰어 풀고 ②의 노각 위에 얹어 먹을 때 섞어 먹는다.

③

노각새송이버섯무침

재료

노각1개 새송이버섯2개 다진마늘1작은술 청홍고추1개 들기름2큰술 천일염 고춧가루1작은술 통깨

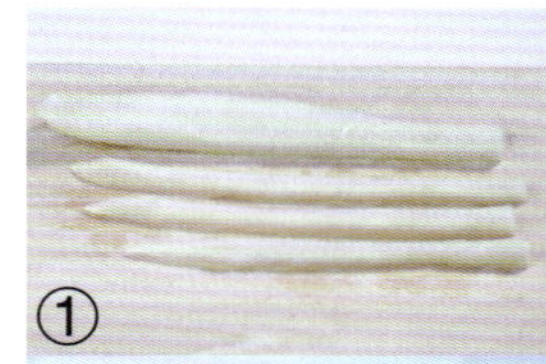

① 노각 껍질을 벗겨 반 잘라 속을 긁어내 얇게 썰어 천일염1작은술에 30분가량 잰 후 꼭 짠다.(노각과 버섯 썰기 모양은 취향대로 썬다. 사진은 노각 반의 두께를 반 나눠 국수처럼 길게 채를 썰었다. 231쪽 참고)

② 새송이버섯도 씻어 노각 모양과 같게 썰어 들기름과 고추, 천일염¼작은술로 볶아 식힌다.(매콤한 맛은 청양고추)

③ ①+②+들기름1큰술, 고춧가루, 다진마늘을 넣고 무쳐 통깨를 뿌려낸다.

노각순수무침

노각老覺스토리1

저는 각성한 연장자라는 뜻을 지닌 노각(老覺) 마니아입니다. 지혜로운 연장자가 되고 싶은 저에게 노각(老覺)은 이름과 자태로 제 가슴을 두근근 뛰게 하기 때문이죠.

지혜를 상징하는 노각은요~ 푸릇푸릇 청년 오이에서 긴 태양 빛과 장마, 태풍의 여름 과정을 거치며 단단하고 거친 등껍질로 바뀐 속을 비타민B와 C, 칼슘, 철분, 마그네슘, 아연, 칼륨 등의 풍부한 영양성분으로 가득 채웁니다. 특히 칼륨은 체내 과잉 나트륨 배출을 돕지요. 노각은 존재 자체로 영약(靈藥)입니다.

재료

노각 들기름 통깨 천일염

① 노각을 식초물에 씻어, 4등분하여 속을 긁어내고 껍질째 2㎜ 두께로 어슷썰기 한다.

② 천일염에 30분가량 재운 뒤 꼭 짜, 들기름과 통깨를 듬뿍 넣고 무친다.

노각국물무침

절인 물 속에 녹은 영양도 소중해요.

재료

노각½개 천일염½작은술 들기름1큰술 검은깨

① 노각을 껍질째 식초물로 깨끗이 씻어 반 잘라 속을 긁어낸다.
② 반 자른 노각을 껍질째 필러로 사진처럼 끝까지 길게 썰어 천일염에 절여 냉장고에 2시간 둔다.
③ 노각 절임물 그대로+들기름+깨를 넣고 섞어 물국수처럼 국물과 함께 떠먹는다.

노각팽이버섯회

오징어 같은 모양~ 눈으로 속는 맛~

못난이노각

노각은 단단해야 싱싱합니다. 껍질은 기린이나 거북이 등껍질 같은 무늬거나 거칠거칠한 느낌이 있는 노각이 건실합니다.

재료

노각1개 팽이버섯1봉 배¼개 깻잎5장 고추1개 마늘2알 초고추장4큰술 통깨

과정

① 노각 껍질을 벗기고 반 잘라 속을 파낸 후, 사진처럼 눕혀서 두께를 반 나눠 국수처럼 길게 썬다. 천일염1작은술에 30분 절여 꼭 짠다.(노각 절인 물은 찌개 등 국물요리에 활용한다)

② 팽이버섯을 씻어 꼭 짜, 들기름1큰술과 고운천일염⅙작은술로 약불에서 5분가량 볶아 식힌다.

③ 식초물에 씻은 깻잎은 돌돌 말아 채를 썰고, 고추도 어슷썰기하고, 배도 채를 썬다.

④ ①+②+초고추장, 고추, 다진 마늘을 넣어 무친 후 배를 넣고 섞어 접시에 담아 깻잎으로 장식해 먹을 때 함께 먹는다.(국수처럼 길게 썬 노각은 제철인 여름에 장날이나 재래시장에서 살 수 있다)

①-1

①-2

①-3

③-1

③-2

노각물국수

오징어 물회 먹는 기분이죠!

재료 - 2인분

노각大1개(쓰지않은) 양파½개 깻잎6장 새송이버섯2개 배¼개 다시다국물400㎖ 생김4장

매콤양념장 = 고춧가루1큰술+다진청양고추1개+다진마늘1작은술+냉동간장2큰술

과정

① 노각 껍질을 벗기고 반 잘라 속을 파낸 후, 사진처럼 눕혀서 두께를 반 나눠 국수처럼 길게 썬다. 천일염1작은술에 30분 절여 꼭꼭 짠다.(노각이 쓴맛이 난다면 노각물국수로 적절하지 않다. 노각을 짤 때 짤순이가 도움된다)

② 채소들을 식초물에 씻어 채를 썰고, 길게 채 썬 버섯은 들기름과 천일염 1꼬집으로 볶아둔다.

③ 매콤양념장을 만든다.

④ 개인 국수 그릇에 반씩 나눈 ①+②+시원한다시마국물+구운김가루+양념장을 취향대로 넣어 먹는다.

①-1

①-2

②

④-1

④-2

노각은 꼭꼭 짤수록 쫄깃하죠. 노각을 짤 때 짤순이는 힘들이지 않고 반찬을 만들 수 있는 도우미 도구입니다.

노각비빔국수

재료 - 1인분

노각½개(쓰지않은) 양파¼개 깻잎3장 파프리카⅙개 배¼개 초고추장 볶은땅콩

과정

① 노각 껍질을 벗기고 반 잘라 속을 파낸 후, 사진처럼 눕혀서 두께를 반 나눠 국수처럼 길게 썬다. 천일염½작은술에 30분 절여 꼭 짠다.(노각이 쓴맛이 난다면 노각비빔국수로는 적절하지 않다. 껍질은 따로 말려서 활용한다)

② 채소들을 식초물에 씻어 물기를 빼고 채를 썬다.

③ 비빔그릇에 노각, 채소, 껍질째 채를 썬 배, 땅콩, 초고추장으로 비벼서 노각비빔국수를 먹는다.

①-1

①-2

①-3

③-1

③-2

노각즙

노각스토리2

현미채식요리 시리즈 1집에서도 표현한 것처럼 방사선치료 후유증과 전신화상을 입었을 때 노각을 즙으로 계속 마시면 상처부위가 빠르게 아물 정도로 노각의 영양소는 화상을 입을 때뿐만 아니어도 우리 몸을 건강하도록 이끄는 복원력이 탁월합니다.
일본의 방사능 유출 사고로 먹거리에 민감한 이때, 건강하게 자란 노각(老覺)은 영약(靈藥)입니다. 노각을 반찬으로만 먹으란 법은 없으니 긁어낸 노각 속을 씨째 그냥 드셔도 좋고, 씨를 모두 갈아 노각즙으로 마시면 갈증이 싹 가시는 걸 몸이 그냥 압니다. 이 덕택에 체내의 과잉 나트륨과 노폐물도 빠져나가고요. 노각 속 뿐만 아니라 노각 전체를 제철 과일과 함께 믹서나 주스기로 갈아 노각과일주스를 만들면 온 가족의 웰빙 음료수가 되죠. 특히 환자와 노인, 아이들도 맛있게 마실 수 있답니다.

이 여름부터
온 가족의 몸을 복원케 하는 지혜의 상징인 노각과일주스를 마시며,
온 가족의 몸을 망치게 하는 혀맛의 상징인 청량음료와 작별하는 것은 어떨까요!

노각과일주스

① 노각즙 : 노각을 무칠 때 긁어낸 속을 체에 밭쳐 노각 물만 먹는다.

② 노각즙과일주스 : 노각 속과 사과, 배, 복숭아, 키위 등 제철과일을 넣어 간다.(노각씨는 믹서에 모두 갈리고, 노각 속이 더러 신맛이 강한 경우도 과일과 갈면 맛이 중화된다)

③ 노각과일주스 : 노각과 과일을 조각 낸다. 노각1:과일1:생수1의 비율로 믹서 또는 주스기에 갈아 마신다.(듬뿍 만들어 3일가량 냉장저장 할 수 있다)

④ 노각과일초주스 : ③+감식초를 넣어 갈면 새콤달콤 맛있다.

노각냉국

재료

노각½개 배1개 감식초5큰술 냉동간장1큰술 마늘1알 청홍고추½개 통깨 생수500㎖

① 껍질을 벗긴 노각 속을 파내고 적당히 썬다.

② 식초물에 씻은 배 ½개를 껍질째 짧게 채 썬다.

③ 냉국물은 시원한 생수+갈은배½개+다진마늘+냉동간장+어슷썬고추+식초로 만든다.(식초는 취향에 맞게 가감한다. 매콤한 맛은 청양고추를 넣는다)

④ ①+②+③을 섞은 후 시원하게 먹으려면 냉동고는 20분, 냉장고에는 1시간 넣은 후 통깨를 뿌려 먹는다.

노각프라페 —— 현명한 청춘의 맛!

설탕 및 정제당들은 몸을 망치니 독약입니다.
몸을 살리는 자연 단맛이 영약(靈藥)입니다.

재료 - 500㎖가량

노각½개 사과1개 천도복숭아1개 파프리카½개 생땅콩30알 얼음5알 감식초5큰술

① 채소들을 식초물에 씻어 껍질째 작은 조각으로 낸다.

② 땅콩을 살짝 구워 속껍질째 준비한다.

③ 모두를 믹서나 블렌더로 곱게 간다.(주스 프라푸치노처럼 얼음을 넣고 갈아도 좋다)

시원한 냉채 같은

노각물회

재료 - 4인분

노각大1개 건미역조금 배大1개 깻잎10장 양파½개 파프리카½개 다진마늘3알
고춧가루2큰술 통깨 냉동간장1큰술 다시마국물1L 현미식초5큰술

과정

① 다시마국물을 끓여 식혀 냉장고에 시원하게 둔다.

② 노각 껍질을 필러로 벗기고 반 잘라 속을 파낸 후 4㎝ 길이로 얇게 썰어 천일염1큰술에 30분 절여 꼭 짠다.(노각이 쓰다면 물회로는 적절하지 않다)

③ 건미역을 찬물에 5분가량 불려 헹궈 먹기 좋은 크기로 썰고, 씻은 채소를 모두 채 썬다.

④ 노각 물회 그릇에 시원한 다시마국물, 식초, 갈은배½쪽, 고춧가루, 냉동간장, 다진마늘을 넣고 섞어 국물을 만든다.

⑤ ④+②+③+채 썬 배½개, 신맛은 취향대로 가감하고 통깨를 뿌린다.

①

②

③

④

⑤

노각버섯회

재료

노각大1개 애느타리버섯400g 깻잎 홍고추 양파 초고추장

과정

① 껍질을 벗긴 노각을 반으로 잘라 속을 파내고 회를 뜨듯 비스듬히 얇게 저며 뜬다.(옆의 사진을 참고한다)

② ①의 저민노각+갈은배1개+현미식초5큰술+고운천일염⅓작은술로 잰 후 냉장고에 1시간 둔다.

③ 버섯을 송이대로 갈라 끓는 물에서 1분 데쳐 식혀 물기를 빼낸다.

④ 회 접시에 깻잎을 깔고 ②의 꼭 짠 노각회와 버섯, 저민 마늘, 고추, 양파 등을 담아 초고추장에 찍어 먹는다.

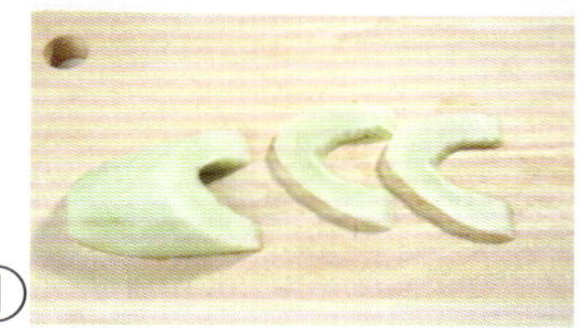
①

②-1

②-2

②-3

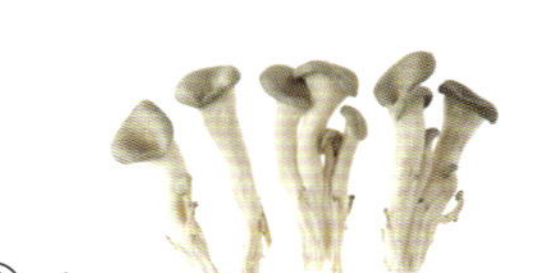
③-1

③-2

노각회무침

재료

노각大1개 깻잎8장 배1개 홍고추1개 초고추장5큰술

과정

① 노각 껍질을 벗기고 반 잘라 속을 파낸 후, 사진처럼 눕혀서 두께를 반 나눠 국수처럼 길게 썬다. 천일염1작은술에 30분 절여 꼭 여러번 짠다.(꼭꼭 짤수록 쫄깃한 노각회는 짤순이로도 2번 짠다)

② 깻잎을 식초물에 씻어 돌돌 말아 채를 썬다.

③ 식초물에 깨끗이 씻은 배는 껍질째 채를 썰어 접시에 빙 돌려놓는다.

④ 노각을 초고추장으로 먼저 무치고 깻잎을 넣어 서너 번 뒤적여 섞어, ③의 배 접시 가운데 소복이 얹고 통깨를 뿌려 배와 함께 먹는다.

①-1

①-2

②-1

②-2

③

노각껍질말린볶음

재료

노각껍질 애느타리버섯 당근 고추 양파 들기름 국간장

과정

① 노각을 껍질째 식초물에 빡빡 씻어 필러로 껍질을 길게 벗겨 햇살 좋은 여름 종일 말린다. 버리지 않고 모아둔 노각을 절인 물에 말린노각껍질을 30분가량 재 둔다.

② 애느타리버섯을 씻어 물기를 빼고 들기름과 국간장으로 약불에서 5분가량 볶다가

③ ②+①+채 썬 당근, 양파, 고추를 넣어 계속 볶아 5분 후 먹어보고, 노각껍질의 식감이 자신에게 맞을 때까지 볶아준다.

①-1

①-2

①-3

②-1

②-2

노각老覺스토리3

노각 반찬 할 때 벗긴 노각껍질을 질기고 거칠다며 대부분 버리더군요. 앞서도 장광설^^을 펼쳤듯이 노각은 특히 껍질에 영양소가 집결되어 있어요. 이런 껍질을 햇살에 말려 보세요. 비타민D가 풍부해지고 볶으면 쫄깃한 식감은 어떻고요. 그 거친 노각껍질이 어떻게 쫄깃해 지냐고요? 말린 채소들 볶으면 쫄깃한 식감 아시죠~ 노각껍질 말린 반찬도 일반 말린 나물과 같답니다.^^

모른다면 몰라도 벗긴 껍질을 여름 창가에 두기만 하면 햇살이 다 알아서 말리면서 영양도 풍부하게 해주고 특히 칼슘 흡수를 돕는 비타민D를 높이며 영양을 확장하는데 이런 노각껍질을 버린다는 것은 웰빙의 삶이라면 상상이 어려운 일입니다. 물론 저 또한 상상할 수도 없는 일들을 무수히 반복하며 왜 내 몸은 힘드냐를 외친 사람이었지만, 지금은 정신을 차리고^^ 의식하며 몸을 건강하게 돕는 음식을 섭취하고 있지요.

여러분도 건강한 몸으로 삶을 영위하고자 한다면 뼈를 튼튼하게 해주는 칼슘의 흡수를 돕고, 과다한 나트륨도 조절해주는 햇살에 말린 영약(靈藥)인 노각껍질말린나물과 친해지시길 바래요~

노각껍질가루전

재료

노각껍질가루 주키니호박 깻잎 청양고추 된장 통밀가루 라온현미유

① 노각껍질을 햇살 좋은 여름 2~3일 바싹 말려 분쇄기에 곱게 갈아 가루를 낸다.

② 주키니호박을 씻어 채를 썰어 햇살에 하루 꾸들꾸들 말린다.

③ 앉은뱅이토종 통밀가루로 되직하게 반죽하여+노각껍질가루+꾸들 마른 호박+채 썬 깻잎 +어슷 썬 청양고추+된장으로 간하여 한 큰술 크기로 전을 부친다.

노각껍질두루치기

따라올 수 없는 쫄깃함~

재료

말린노각껍질 팽이버섯 양파 깻잎 고추장 들기름 통마늘

① 노각껍질을 햇살에 하루 말려 모아둔 노각을 절였던 물에 10분가량 잰다.

② 팽이버섯을 씻어 고추장, 들기름으로 5분가량 약불에서 볶는다.

③ ②+①+저민 마늘을 넣고 중약불에서 볶으며 5분가량 후+양파, 깻잎을 넣고 노각껍질을 먹어 보고 자신의 식감에 맞는 쫄깃함으로 볶아 통깨로 마무리한다.

노각스토리4

지혜의 상징인 노각(老覺)의 껍질을 햇살 좋은 여름 2~3일 바싹 말려 아주 곱게 간 가루로 활용해 보세요. 식단이 저절로 웰빙으로 업그레이드됩니다.

실례로 짠 음식 좋지 않다며 국이나 찌개를 줄이라고 하지만 찌개 끓일 때 슴슴하게 끓이면서도 노각껍질가루를 넣어 끓이면 노각껍질가루에 들어있는 칼륨이 나트륨을 조절해 주니 국과 찌개를 고민하지 않고 편안하게 드실 수 있지요. 쌈장이나 초고추장에도 노각껍질가루를 섞어 드시면 나트륨 조절 효과는 같아요.

속 깊이 도움 되는 노각껍질가루는 맛도 은은하고 무난하며 약간 달콤함도 있어 갖은 음식에 넣어도 주요 요리의 맛을 침해하지 않으며 영양의 상승작용을 일으키는 제대로 된 영약(靈藥)입니다.

이렇게 노각껍질가루의 영양성분을 알고 지혜롭게 요리에 활용하면 편안하게 음식을 맛있게 먹으니 저절로 스트레스가 사라지는 웰빙 식생활로 이어지지요.

재료의 성분을 알고 지혜롭게 응용하여 창조되는
자신만의 독창적인 제대로 된 음식들은 반찬연금술사의 작품입니다!

노각껍질햇살가루

노각껍질 가루 활용

① 국이나 된장찌개 등을 끓일 때 처음부터 넣어 끓인다.
② 조림이나 볶음 때 넣어 조리한다.
③ 쌈장이나 초고추장에 섞어 먹는다.
④ 된장이나 고추장 담글 때 섞는다.
⑤ 김치 담글 때 섞는다.
⑥ 죽을 끓일 때 처음부터 같이 끓인다.
⑦ 전을 부칠 때 넣어 부친다.

①

②

③

▪ 정보: 만성 신장 질환이 있는 경우 칼륨 배설 능력이 떨어지므로 칼륨이 많이 든 음식 섭취는 주의를 필요로 합니다.

협력해주신 모든 분께 가슴 깊이 감사드립니다. _()_

저는 시래기, 호박, 감자, 배추, 양배추, 토란대, 우엉 등으로
영약(靈藥)을 만들어 『**반찬 연금술**』 2부에서 뵙겠습니다.